XIANGCUN ZHENXING
SHIJIAN TANSUO YU DIANXING ANLI

乡村振兴
实践探索与典型案例

姜晶　倪艳婷◎编著

山东科学技术出版社
·济南·

图书在版编目（CIP）数据

乡村振兴．实践探索与典型案例 / 姜晶，倪艳婷编著．—济南：山东科学技术出版社，2021.5
ISBN 978-7-5723-0892-5

Ⅰ．①乡… Ⅱ．①姜… ②倪… Ⅲ．①农村－社会主义建设－研究－山东 Ⅳ．① F327.52

中国版本图书馆 CIP 数据核字 (2021) 第 063099 号

乡村振兴：实践探索与典型案例

XIANGCUN ZHENXING: SHIJIAN TANSUO YU DIANXING ANLI

责任编辑：张　波
装帧设计：孙小杰

主管单位：山东出版传媒股份有限公司
出 版 者：山东科学技术出版社
地址：济南市市中区英雄山路 189 号
邮编：250002　电话：（0531）82098088
网址：www.lkj.com.cn
电子邮件：sdkj@sdcbcm.com
发 行 者：山东科学技术出版社
地址：济南市市中区英雄山路 189 号
邮编：250002　电话：（0531）82098071
印 刷 者：潍坊云印网联文化科技有限公司
地址：青州市昭德北路 638 号
邮编：262500　电话：（0536）3539196

规格：16 开（170mm × 240mm）
印张：12　　**字数：**195 千
版次：2021 年 5 月第 1 版　　2021 年 5 月第 1 次印刷
定价：50.00 元

目 录

第一章

农业特色小镇

特色小镇发源于浙江。2016年国家发展改革委、财政部以及住建部决定在全国范围内开展特色小镇培育工作，计划到2020年，培育1 000个左右各具特色、富有活力的休闲旅游、商贸物流、现代制造、教育科技、传统文化、美丽宜居等特色小镇，引领带动全国小城镇建设。2016年12月国务院下发的《关于进一步促进农产品加工业发展的意见》中指出，加快建设农产品加工特色小镇，实现产城融合发展。2017年中央一号文件提出，围绕有基础、有特色、有潜力的产业，建设一批“三位一体”（农业、文化、旅游一体化发展），“三生同步”（生产、生活、生态同步改善），“三产融合”（一、二、三产业深度融合）的特色村镇。2018年中央一号文件以“乡村振兴战略”为主题，按照产业兴旺、生态宜居、乡风文明、治理有效、生活富裕的总要求，推进城乡融合发展体制，建设社会主义新农村。2016～2017年间，国家住建部先后发布两批特色小镇名单。截至2018年2月，全国两批特色小镇试点403个，加上各地方创建的省级特色小镇，数量超过2 000个。

一、概述

2016年10月14日，住建部公布了第一批中国特色小镇名单，涉及32省份共127个。全国第一批127个特色小镇中山东省入选7个。2017年7月27日，在各地推荐的基础上，经专家复核，由国家发展改革委、财政部以及住建部共同认定出第二批中国特色小镇，共276个，山东省入选15个（表1–1）。

表1–1　山东省入选国家级特色小镇名单

序号	入选小镇	产业特色	入选批次
1	青岛市胶州市李哥庄镇	空港小镇	第一批
2	淄博市淄川区昆仑镇	陶瓷风情小镇	第一批
3	烟台市蓬莱市刘家沟镇	葡萄酒小镇	第一批
4	潍坊市寿光市羊口镇	高效海洋经济小镇	第一批
5	泰安市新泰市西张庄镇	泰山多彩毛呢小镇	第一批
6	威海市经济技术开发区崮山镇	船舶制造小镇	第一批
7	临沂市费县探沂镇	木业小镇	第一批
8	聊城市东阿县陈集镇	葡萄风情小镇	第二批
9	滨州市博兴县吕艺镇	农创小镇	第二批
10	菏泽市郓城县张营镇	彭湖音乐风情小镇	第二批
11	烟台市招远市玲珑镇	黄金小镇	第二批
12	济宁市曲阜市尼山镇	尼山圣地小镇	第二批
13	泰安市岱岳区满庄镇	玻纤新材料小镇	第二批
14	济南市商河县玉皇庙镇	特种玻璃智造小镇	第二批
15	青岛市平度市南村镇	家电小镇	第二批
16	德州市庆云县尚堂镇	石斛小镇	第二批
17	淄博市桓台县起凤镇	康养特色小镇	第二批
18	日照市岚山区巨峰镇	茶叶小镇	第二批
19	威海市荣成市虎山镇	海参小镇	第二批
20	莱芜市莱城区雪野镇	航空小镇	第二批
21	临沂市蒙阴县岱崮镇	旅游小镇	第二批
22	枣庄市滕州市西岗镇	无机硅新材料小镇	第二批

根据《山东省人民政府办公厅关于印发山东省创建特色小镇实施方案的通知》（鲁政办字〔2016〕149号）要求，山东省有关部门组织开展了特色小镇推荐、评选工作。经山东省政府同意，确定将平阴县玫瑰小镇等60个小镇纳入省级首批特色小镇创建名单。2017年9月27日，根据《山东省人民政府办公厅关于印发山东省创建特色小镇实施方案的通知》（鲁政办字〔2016〕149号）要求，省有关部门组

织开展了第二批特色小镇推荐、评选工作。经省政府同意，确定将平阴县东阿阿胶小镇等49个小镇纳入山东省第二批特色小镇创建名单（表1-2）。

表1-2　　入选省级特色小镇名单

序号	入选小镇	产业类型	入选批次
1	平阴县玫瑰小镇	农林牧副渔	第一批
2	历城区西营生态旅游小镇	休闲农业和生态旅游	第一批
3	长清区马山慢城小镇	休闲农业和生态旅游	第一批
4	平度市大泽山葡萄旅游古镇	休闲农业和生态旅游	第一批
5	桓台县起凤马踏湖生态旅游小镇	休闲农业和生态旅游	第一批
6	山亭区徐庄休闲慢游小镇	休闲农业和生态旅游	第一批
7	临朐县九山薰衣草小镇	农林牧副渔	第一批
8	金乡县鱼台蒜都小镇	农林牧副渔	第一批
9	梁山县马营旅游休闲小镇	休闲农业和生态旅游	第一批
10	雪野旅游区养生休闲度假小镇	休闲农业和生态旅游	第一批
11	平邑县地方罐头小镇	农产品加工	第一批
12	兰陵县兰陵美酒小镇	农林牧副渔	第一批
13	沾化区冯家渔民文化小镇	农产品加工	第一批
14	郓城县郓州水浒旅游小镇	休闲农业和生态旅游	第一批
15	平阴县东阿阿胶小镇	农产品加工	第二批
16	济阳县孙耿有机食品小镇	农产品加工	第二批
17	即墨市大信太阳能小镇	农业创新创意创业	第二批
18	山亭区城头豆香小镇	农林牧副渔	第二批
19	招远市金岭粉丝小镇	农林牧副渔	第二批
20	安丘市新安齐鲁酒地小镇	农产品加工	第二批
21	新泰市石莱有机茶叶小镇	农林牧副渔	第二批
22	武城县武城辣椒小镇	农林牧副渔	第二批
23	冠县店子灵芝小镇	农林牧副渔	第二批
24	博兴县吕艺农创小镇	农业创新创意创业	第二批

注：2021年2月1日，3号及16号已被取消创建资格。

1. 农业特色小镇的内涵及特点

在住建部公布的第一批、第二批特色小镇名单里，农业服务型小镇分别占12% 和13%。

农业特色小镇作为特色小镇的重要分支，通过整合农村生产、生活、生态、文化等资源，建设以农业的生产、加工、贸易、休闲观光旅游及农业服务业为主导产业，一二三产业融合发展的建制镇或者产业创新创业平台。它既具有特色小镇共性的形态特征，又具有农业主题的鲜明特色，具有彰显特色现代农业，同时兼备旅游、文化功能且基础服务完备、环境设施良好的特征。农业特色小镇立根于农村、依托于农村、功能服务于农村，是聚集农业产业、农产品加工和交易、连接城乡经济文化资源的重要平台。农业特色小镇以特色农业为首，突出现代农业，打造产业高地；以自然景观为要，突出健康生态，修复原生净土；以历史民俗为脉，突出挖掘传承，保鲜文化资源；以小镇居民为本，突出精准齐全，优化功能配套。农业特色小镇建设有助于推进农村“四化”同步发展，实现城乡一体化和城乡公共服务均等化，助推乡村振兴战略的实现。

2. 农业特色小镇的意义

农业是农民最熟悉的行业，高端农业的发展可以带动农民提高技艺，增加收入。同时，农业生产也可以成为社区居民和农民间交流的重要连接点，这是其他类型的特色小镇所不具备的突出特点。

通过高品质居住社区的打造，实现城市中产阶级改善居住品质的梦想，使农业特色小镇成为城市居民的第一居所，达到城市居民回流农村的目的。

这些城市中产阶级可以用自己的经验、学识、专长、技艺、财富以及文化修养参与到新农村建设和治理，将城市文明和城市生活方式带给农村，重构乡村文化，自然而然地达到要素从城市向农村流动的目的。

二、农业特色小镇的类型

不同地区有不同的自然风貌、风土人情、农业特产等，由此形成了不同类型的农业特色小镇。在两批国家级特色小镇名单中，山东省入选的农业特色小镇主要有以下5种类型，即以农林牧渔为依托的特色小镇、以农产品加工为依托的特色小镇、以休闲农业和生态旅游为依托的特色小镇、以历史经典风貌文化为支撑的特色小镇、以农业创意创新创业为特点的特色小镇。

（一）以农林牧渔为依托的特色小镇

这类小镇，一般是因地制宜发展特色农产品，因农产品品质突出，因而声名远扬。

1. 临沂市费县探沂镇木业小镇

小镇概况：探沂镇总面积168平方千米，辖67个行政村，103个自然村，常住人口10.2万，外来务工人员8万。是中国金星砚之乡、全国重点镇、山东省“百镇建设示范行动”示范镇、临沂市优先发展重点镇和国家林产工业科技示范园区的核心区。先后被评为省级生态乡镇、山东省特色产业镇、山东省小城镇建设示范镇、山东省乡村文明行动示范镇、山东省新型工业化产业示范基地、山东省最具发展潜力产业集群强镇、山东省产业集群品牌建设十大领军镇。

小镇特色：板材产业是探沂镇的特色产业，该镇凭借地处“中国物流之都”临沂市和费县城区连接处的地理优势，大力发展木材加工产业，并成为临沂市木材加工产业集群的核心区。全镇木业总产值达到360亿元，吸纳就业人口12.5万，城镇居民人均纯收入15 020元，农村居民人均纯收入14 060元。已发展各类板材企业4 400余家，其中规模以上企业105家，年加工木材2 500万立方米。形成了

图1–1　临沂市费县探沂镇

从旋皮到家具生产的完整产业链，按产品分类，以安信木业、东方金信为代表的胶合板456家、生产线3 000多条，以盛宝木业、利发木业为代表的建筑模板64家，以柏美家具、泰森日利为代表的家具制造45家，以江河木业、东方福凯为代表的集成板材19家，旋皮厂2 950家。相关配套企业1 000余家，其中以瑞昊机械、德汇机械为代表的木业机械制造、木材市场、木业运输等相关配套企业19家，以金泉化工、天亿化工为代表的甲醛厂、胶厂39家，以北方木都为代表的仓储物流企业5家，下脚料收购点500余家。

2. 聊城市东阿县陈集镇葡萄风情小镇

小镇概况：陈集镇面积46.5平方千米，辖4个管理区，30个行政村，总人口1.8万。有果园180公顷，林地1 200公顷，居民点、工矿企业用地480公顷，交通用地230公顷，水域260公顷。

小镇特色：陈集镇将发展葡萄种植产业作为富民增收的有力抓手，通过统一建棚种植、标准施工、组织销售、风格定位等措施，有力推动了葡萄风情小镇建设。

任集村党支部先后组织村民100余人次到莱西、平度等地参观学习，调动了村民积极性，一次性调整土地建设钢结构温室大棚50个。有22个村发展了葡萄产业，种植面积200公顷以上。

按照集中建设、规模发展的原则，统一由村委会集中地块流转村民土地，全镇统一新建的近百个冬暖式大棚和温室大拱棚全部承包落实到户，12个新建扶贫冬暖式大棚已全部扣上棚膜。

管理技术进行统一培训，按照规程进行栽培，产量、质量基本达到标准要求，葡萄外销价格均在4元以上，85%的葡萄销往北京、山西长治、河北邯郸、济南、淄博、枣庄等地。

利用城郊的区位优势，按照观光、采摘、旅游的模式建设葡萄生产园区。通过建设葡萄长廊、采摘大棚、农耕村落等方式进行开发改造。在种植品种选择上，采取早、中、晚熟相结合，高、中、低档相结合，红色、黑色、紫色、黄色相结合，以提高葡萄观赏性和品位。建成集住宿（家庭式旅馆）、餐饮、娱乐、葡萄种植、科研于一体，兼具经济、社会、环境效益协调发展的葡萄风情小镇。

3. 日照市岚山区巨峰镇茶叶小镇

小镇概况：巨峰镇地处苏鲁两省三县交界处，辖90个行政村，总人口7.8万，耕地面积6 000多公顷，其中茶园4 500公顷，是日照绿茶的主产区，被誉为江北绿茶第一镇。2015年，全镇实现财政收入3 059万元，实现固定资产投资14亿元，规模以上工业产值达5亿元，居民人均可支配收入15 700余元。是山东省“旅游强乡镇”、省级“农业特色产业镇”、“环境优美乡镇”和全国“农业旅游示范点”、“‘一村一品’特色示范镇”等。

小镇特色：巨峰镇抓住打造“海盐古寨茶乡巨峰”这一目标，编制了总体规划与特色小镇规划，点面结合，对全镇发展布局进行细致描绘。坚持规划引领，按照“一村一韵、一村一品”的思路，统筹山、水、茶、文等优势，统筹路网、办公、服务和产业发展等资源，投资6 800万元，以薄家口、后山旺等9个村为点，以百里绿茶长廊打造为线，以紫光智慧农业、小茶山文旅综合体、饽饽顶田园综合体等项目为支撑，把龙口路两侧打造成为特色小镇建设先行区。片区内村庄开展“五化”建设和水生态治理，做好道路沿线、片区环线和村庄街道绿化，搞好村庄污水处理和垃圾分类处理，抓好沿线各村生态建设，清理河道，打造水生态景观带。全镇已发展茶园5 300公顷，其中野山茶600公顷，占全市茶园面积的30%；产茶村72个，茶叶加工企业59家，茶叶专业合作社185家，获得省级和国家级各种茶叶奖项86次。

图1–2 日照市岚山区巨峰镇

4. 威海市荣成市虎山镇海参小镇

小镇概况：虎山镇面积110平方千米，辖51个行政村，人口4.1万。虎山镇有30千米长的海岸线，有5 300公顷天然海珍品养殖场，养殖海参、鲍鱼、海蜇、对虾等海珍品，年产鲜虾500万吨、鲍鱼等1 000万吨。粮食作物以小麦、玉米为主，畜牧养殖业以狐狸、水貂等特色养殖为主。除了海产养殖外，还有食品加工、针织服装、远洋捕捞等产业，形成新的经济格局。各项社会建设事业蒸蒸日上，义务教育普及率达百分之百。

小镇特色：海参养殖是虎山镇的支柱产业，养殖面积达4 100公顷，占全镇海水养殖面积的90%以上；年产海参650万千克，占威海市海参产量的30%；粗加工400万千克，精加工50万千克，其余200万千克进行鲜参外销。虎山镇旅游资源丰富，素有“山东省旅游风情小镇”的美称。海上旅游更是“旅游小镇”的主打品牌，4 100公顷养殖水面本身就是滨海旅游一大看点。虎山镇同时拥有海水浴场、康乐中心、海上垂钓中心、海鲜五笔桥街、海上游艇、海底潜水等旅游项目。依托威海市省级海钓基地优势，积极承办大型休闲垂钓赛事，打包推介海参养殖、捕捞、观光等项目，让游客通过海参博物馆和海洋牧场体验中心，深入了解海参育苗、成长、暂养及收获的全过程，提高海洋旅游知识内涵。此外，虎山镇以海

图1–3 威海市荣成市虎山镇

参为依托，重点打造“海参+健康”“海参+养老”“海参+文化”等一批“海参+”项目，做产业融合、特色发展的大文章，变过境游为健康养生体验游。通过政策扶持，吸引各地客商和游客前来虎山进行海产品经营和消费，打造别具风情、具有地方特色的产业聚集区。作为荣成市明星企业和第一家上市公司，好当家总部就坐落在虎山镇，是虎山镇唯一一家大型的规模性企业。2017年，好当家重点研发生产海参口服液、刺参咖啡和海参化妆品等，向海鲜快餐领域进军，推出以海鲜捞饭为特色的海洋快餐食品。

5. 济南市平阴县玫瑰小镇

小镇概况：小镇项目位于平阴县城西南5千米处玫瑰镇，区位优越。平阴县是全国闻名的“玫瑰之乡”，玫瑰种植已有1 300余年的历史。1982年国家轻工业部确定平阴玫瑰为“中国传统玫瑰的代表”，平阴县被确定为优良玫瑰品种繁育基地。2000年平阴县被国家林业局、中国花卉协会命名为“中国玫瑰之乡”。2003年国家质量监督检验检疫总局已批准对平阴玫瑰实施原产地域产品保护。2010年国家卫生部3号公告确定平阴重瓣红玫瑰为新资源食品，是全国唯一通过专家论证的可食用玫瑰品种。

小镇特色：玫瑰小镇规划面积3平方千米，核心建设区1平方千米，以玫瑰产

图1-4 平阴县玫瑰小镇

业为依托，以旅游产业发展为导向，实现产业+旅游双特产业推动。其中玫瑰产业从需求端入手实现供给侧改革，推动互联网+特色产业融合，延长玫瑰产业链，走一条以特色经济交易结算为主导、区域品牌为基础的第三产业带动“321”产业发展路径。幸福e谷作为小镇休闲度假核心区，是小镇的人口聚集中心、消费聚集中心、休闲聚集中心和度假延伸中心，把现代时尚与传统民俗完美结合，打造休闲度假新模式。项目区依托省级优质产品基地品牌效应，扩大玫瑰花标准化种植规模，规划建设玫瑰产品交易市场，以翠屏山为中心，启动万亩玫瑰谷规划设计。正在实施玫瑰街、玫德街、翠屏山路“两横一纵”道路特色提升工程，规划建设集玫瑰文化展示、旅游休闲、社区服务于一体的玫瑰馆。围绕玫瑰优质品种的产业化开发与应用，形成了以医药、化工、饮料、酿酒、香料等为主的加工体系，生产加工企业达30余家。

6. 临朐县九山薰衣草小镇

小镇概况：九山镇地处潍坊、临沂、淄博三市交界，森林覆盖率达70%，生态环境优美。该镇立足资源优势，科学规划引领，全力打造薰衣草特色小镇，以特色小镇为产业支撑推动乡村振兴。2017年1月，九山薰衣草小镇列入首批省级特色小镇创建名单。2018年4月，成功申报省级服务业特色小镇。

小镇特色：九山镇立足资源优势，着力培育以薰衣草观光旅游为特色，以加工、销售为支撑的多产业联动格局，围绕鲜花、工艺品、食品、化妆品和洗化用品五大板块，加快研发进程，拉长产业链条，抢占全国薰衣草产业制高点，增强发展新动能。九山镇推广“公司+合作社+基地+农户”模式，带动当地群众种植薰衣草2 000公顷，彻底改变传统的花生、玉米等种植结构，实现农业供给侧结构性改革，打造成为全国重要薰衣草原材料供应地和薰衣草产品交易中心。宋香园生态世界项目位于特色小镇建设的核心区，总投资5亿元，以薰衣草种植为基础，纵向发展薰衣草茶、饼干、香皂、精油等特色工艺品、食品、高端化妆品加工业；横向发展薰衣草花海、悬崖生态餐厅、台湾主题青舍橘屋精品民宿等特色旅游业，打造了一条一二三产融合发展产业链、增值链，成为引领当地乡村振兴的示范点。九山薰衣草特色小镇被列入全省新旧动能转换重点项目库，吸引保利资本、东盛集团等实力企业财团的关注，并达成初步战略合作协议；还被中国科学院精准扶贫评估研究中心选为国家乡村振兴研究实践基地，积极探索实践乡村振兴国际化

图1-5　临朐县九山薰衣草小镇

道路，已成功举办德国汉斯·赛德尔基金土地利用、气候变化与乡村振兴国际研讨会，来自德国、美国、韩国等9个国家的70名专家学者前来考察。聘请中青旅等知名团队对特色小镇及全镇“五彩”旅游资源进行整体运营开发；与山东财经大学旅游管理学院合作，精心设计九山“一日游”“两日游”旅游线路，开展周末游九山常态化活动，实现九山旅游市场化运营管理，念活山水经，打好生态牌，唱响“五彩”九山旅游品牌。与南京野生植物综合利用研究院签订合作协议，加快薰衣草品种培育和系列产品研发、加工工艺优化，成功开发出薰衣草抱枕、玩具和饼干、香皂以及精油、纯露等十多类产品，实现产业发展新突破。

7. 滨州市沾化区冯家渔民文化小镇

小镇概况：借助“两区两圈”区位优势，依托镇西水产品精深加工产业园、渤海水产品市场、龙禅寺湿地公园及全镇发达的海洋捕捞、贸易产业优势，以旅游休闲、水产品商贸流通、农副产品加工为特色，最终形成一座自然风光旖旎、渔家生活气息浓厚、海产品贸易繁荣、文化产业链条相互支撑的生态型渔民文化旅游度假小镇。

小镇特色：以特色小镇建设为契机，立足生态和人文优势，聘请山东省城乡规划设计院完成《冯家渔民文化特色小镇总体规划》，规划建设渔海文化博物馆、鲁北海产品展销中心、海产品电商产业园、渔海文化美食城及湿地公园，形成有机统一、布局合理的特色小镇格局。发挥“一个小城镇四个大市场”优势，提升环境建设档次，做大做强渔业特色产业集群。先后完成鲁北、海丰、王尔庄、渤海四个市场升级改造，硬化场地10万平方米，整齐规划市场商铺，提高软、硬件水平。建设规划面积50公顷的镇西海产品精深加工产业园区，整合建设大型冷链物流仓储，着力打造珍味嘉等龙头企业，促进重点企业的市场带动和品牌效应，保障特色产业长足健康发展。规范北部溴盐区管理，优化产业服务。北部盐田达到2 000公顷，年产原盐13万吨、溴素3 000吨，年产值达7 500万元。在镇区东南角建设3平方千米特色园区，投资5亿元建设龙禅文化博览园，复建龙禅寺，配套传统文化教育基地、老年福利中心、泽幼宫、德育广场及大型宾馆超市。投资1 200万元建成兴海广场，打造群众文娱休闲平台，实施广场配套完善及绿化工程，继续完善群众戏曲文化大舞台、广场雕塑、文化长廊等基础设施，配套停车场、音乐喷泉、儿童乐园，完成广场绿化，种植景松、白蜡、国槐、紫藤、龙柏等绿化树木1万余株。充分挖掘历史文化及自然资源，精心打造“带上家人来看海、听渔民文化故事、赶冯家海产大集、吃冯家风味海鲜”的冯家“海上一日游”路线，着力建设秦口河沿河景观长廊，引进渔港建设、海上渔家、游船观光项目，让游客入海打鱼，沿途畅游黄河岛，观万亩芦苇、盐田风电，尽赏千里麦浪、万亩西瓜的壮观景象。加大东路梆子、芯子、葫芦头子、剪纸等各类非物质文化遗产的保护力度，继承宝贵财富，弘扬传统文化。

8. 新泰市石莱有机茶业小镇

小镇概况：有机茶叶小镇位于石莱镇东部，处于石莱、岳家庄、放城3个乡镇中心地带，地处黄淮分水岭，水系发达，生态环境优美，地势高低起伏，属典型山岭地，均为沙土丘陵，土质非常适合茶叶种植。小镇内建有茶产业生态示范园，是北方少有的规模茶叶种植示范园。现建有茶叶及菊花加工厂、茶叶研究所、观景平台等配套生产、旅游设施，具有一定的旅游接待及茶叶生产加工能力，已成功申报3A旅游景区。

小镇特色：泰茶“良心谷”产业生态示范园是一家集有机名茶、有机杂粮、生态养殖、休闲旅游于一体的现代生态农业示范企业，是国家农村产业融合发展试点示范项目。始建于2013年，规划建设面积1 300公顷，现已完成投资3.51亿元，

图1-6　新泰市石莱有机茶叶小镇

建设面积1 000公顷，涵盖3个乡镇9个村，是全国单体最大的有机茶种植基地。现种植有机茶80公顷、有机菊花130公顷、有机粮食66公顷，主要栽植安吉白茶、黄金芽、黄观音、金萱、龙井43、泰皇菊等名贵品种。2018年，有机茶叶产量1.2万千克、产值6 000万元，有机泰皇菊茶产量24万千克、产值2.4亿元，践行了绿水青山就是金山银山理念。

9. 德州市武城县武城辣椒小镇

小镇概况：武城县已有百余年的辣椒种植历史，高峰期种植面积达到2万公顷，2002年被农业部命名为中国辣椒之乡、中国辣椒第一城，“武城辣椒”被农业部认定为农产品地理标志产品，武城英潮辣椒价格指数成为全国辣椒行业唯一一只在编的价格指数。武城县辣椒小镇以“买全国、卖全国、连国外”的总目标，扩展辣椒全产业链，不断创新产业体制机制，调整产业结构，激活辣椒产业新动能。

小镇特色：以辣椒产业为基础，以原生态、辣椒文化和科学技术为依托，发展“产、游、休、学、研”等产业功能，全力打造宜居、宜业、宜游的辣椒产业集聚区，到2021年全面建成独具特色的中国辣椒小镇。

10. 聊城市冠县店子灵芝小镇

小镇概况：灵芝生产是冠县店子镇的一大特色产业。种植灵芝在店子镇已有近30年的历史。店子镇先后被山东省农业农村厅命名为食用菌生产基地，被中国科学院命名为灵芝产业化生产基地。所产灵芝被农业部认定为无公害农产品，被国家质检总局评为国家地理标志保护产品。2017年获批山东省“灵芝小镇”。店子镇总面积42.7平方千米，耕地面积2 600公顷，辖28个行政村，总人口3.2万。

小镇特色：店子镇灵芝种植的组织形式采用“合作社＋农户”订单方式，全镇有100多个合作组织，辐射全镇19个村庄，惠及群众8 000余人。2017年，店子镇灵芝种植面积达400公顷，灵芝大棚发展到7 000余个，年产各类灵芝（含孢子粉）近8 000吨，占全国灵芝总产量的60%，是全国规模最大的灵芝生产经营集散地。目前灵芝加工企业（户）达80余户，多数加工企业都购置大型设备、孢子粉破壁机及产品包装设备，灵芝加工效益明显。2015年，冠县芝艺缘灵芝盆景专业合作社在原有基础上，筹建了冠县灵芝文化产业园，园区初期占地8公顷，总投资2 500万元，规划建设标准化钢构温室大棚、智能温室66个，建设灵芝文化馆、老年公寓、灵芝养生馆、展厅、加工车间等。采取特色经营、栽培模式，通过特色文化主题、休闲养生、科普培训，打造全国知名的特色菌业示范基地，提高冠县灵芝的市场竞争力和影响力。

图1－7　冠县店子灵芝小镇

（二）以农产品加工为依托的特色小镇

现代农业转型升级离不开传统农业的发展基础，农业生产加工依然是现代农业不可或缺的环节。农产品加工是用物理、化学和生物学的方法，将农业的主、副产品制成各种食品或其他用品的一种生产活动，是农产品由生产领域进入消费领域的一个重要环节，主要包括粮食加工、饲料加工、榨油、酿造、制糖、制茶、烤烟、纤维加工以及果品、蔬菜、畜产品、水产品等的加工。农产品加工过程及采用方法因产品种类及消费要求的不同而异。农产品加工可以缩减农产品的体积和重量，便于运输；使易腐的农产品变得不易腐烂，保持品质不变，保证市场供应；还可以使农产品得到综合利用，增加价值，提高农民收入。通过延长产业链，对农副产品进行深加工，可提高农产品的附加值。

根据小镇的资源禀赋、产业现状及发展潜力，重新合理有效配置地区农业生产要素，对特色鲜明的优势产业进行重点培育，可以促进各类资源、产业和功能在小镇内部集聚优化、融合提升、协调互促，同时也是产城融合发展的有效途径。

1. 烟台市蓬莱市刘家沟镇葡萄酒小镇

小镇概况：刘家沟镇下辖36个行政村，人口1.7万，总面积56.2平方千米。这个被史学家、地理学家奉为“神奇纬度”的地方，依山傍海，气候宜人，周边机场、铁路、高速公路、港口等交通枢纽辐射效果明显，更是渤海海峡跨海通道规划预留出口，是葡萄产业“核心区”、空港经济“承载地”、蓬栖高速“桥头堡”、海陆交通“总枢纽”。先后获评“国家农村产业融合发展试点示范镇”“全国环境优美乡镇”“山东省绿色生态示范镇”等省级以上荣誉。

小镇特色：刘家沟镇境内拥有11千米海岸线和18千米葡萄长廊绿色产业带。全镇葡萄种植面积达到2 500公顷，主要品种有玫瑰香、赤霞珠、巨峰等，葡萄酒年生产能力6万吨，拥有中粮长城等葡萄酒生产和销售企业50家，规模以上酒庄、酒厂、研究所25家。年产葡萄酒9万吨，产值15亿元。到2020年，刘家沟镇打造成富有活力的“酒、游、居”（葡萄酒、乡村旅游、养老养生）主题特色小镇，建成大型农村社区6～8个，集中居住人口8 000人，村级社区、休闲公园覆盖率达到70%。在国内率先开发使用葡萄酒全产业链信息化管理系统，实现了集葡萄栽培、葡萄酒生产、食品安全保障、产品质量追溯、物流销售管理于一体的全产业链信息化管控，成功打造了国内葡萄酒行业首家数字化工厂。

泰生小镇、文成城堡、沃族酒庄等景区年接待游客30万人，“百花节”“我是大明星”“全省旅行社年会”“一带一路财富论坛”等高端活动先后在刘家沟镇举办。总投资200亿元的颐福养老服务项目落地，占地面积5公顷的蓬莱社会福利中心已开工建设。借助农高区创业中心，加大孵化器配套体系建设，对接已入驻的企业，吸引多家高新产业“小巨人”落户，形成了较为完整的产业链。与全国多所高校及业内领先企业合作，搭建研发平台，推动新旧动能转换，推进产业向高精尖迈进。

图1-8　烟台市蓬莱市刘家沟镇

2. 泰安市新泰市西张庄镇泰山多彩毛呢小镇

小镇概况：毛纺织产业是新泰市西张庄镇的主导产业，已有50多年的发展历史，是泰安市首批纺织服装产业集群和山东省重点纺织服装产业基地。“家家干纺织，人人说毛呢”，这早成了西张庄人的一个生活写照。

小镇特色：西张庄镇以毛呢纺织产业为基础，以毛呢时装为引领，全力打造泰山多彩毛呢小镇，利用“互联网+”延伸产业链，引进岱银、雷诺、魏桥、恒源祥等知名服装企业，发展具有高附加值的毛呢服装产业，形成毛呢产业集群，打造以毛呢服装的生产、展销、个性化订制、电子商务平台及体验式旅游等为一体的泰山国际毛呢服装城。坚持以产业园区为支撑，着力建链补链强链，推动产业优化升级，培育规模以上工业企业45家，升级龙头企业3家，泰安市龙头企业8家，发展毛纺织企业23家。以创新、绿色、开放、共享为发展理念，着力配套完善公建设施，深入推进生态文明建设，细化管理运营服务，城镇吸附承载力显著增强，积极融入和服务市开发区新区、青岛保税港功能区建设，实现产城全面融合发展。

坚持规划先行，聘请山东省城镇规划建筑设计院，围绕产业定位、地域文化和资源禀赋，科学编制了特色小镇规划。规划总面积2.92平方千米，确立了改造提升区、毛纺产业新区和商居服务区三大片区。改造提升区为原毛呢聚集区，主要对企业实行改造升级。区内入住规模以上企业17家，年产毛呢成品纱1万吨、毛呢布料280万米，实现销售收入30亿元。毛纺产业新区占地100公顷，安置规模大、前景广的毛呢企业和毛呢服装加工企业，拉长产业链条。新引进德源纺织、毛呢产业孵化器2个过3亿元大项目。商居服务区，规划建设1.2万平方米“小镇客厅”，打造“一厅两馆三中心”，设置毛呢博物馆、毛呢体验馆、大数据中心、科研中心、商展中心等功能区域，打造独具个性的特色平台。与中国毛纺织行业协会、南京羊毛市场达成战略协议，共同建设毛呢行业大数据中心、毛呢产业研究基地。

图1-9　泰安市新泰市西张庄镇

按照居住社区化、社区人性化、产城一体化“三化”联动发展思路，以社区建设为突破口，以产业园区为支撑，促进人口集中、功能集成、产业集聚、要素集约，着力打造全省新型城镇化建设样板区。坚持全域土地流转“三产”融合发展，流转土地5 200公顷，实现了村镇居民“离土不离乡、就地城镇化”。

3. 济宁市金乡县鱼山蒜都小镇

小镇概况：鱼山街道是农业农村部认定的全国第一批农产品加工示范基地，鱼山大蒜产业每年经销的大蒜、蔬菜达260多万吨，交易额达60多亿元。在金乡大蒜的发展历史上，鱼山是一个无可比拟的历史与地理坐标。中国大蒜商贸城于1994年建立，是全国大蒜交易价格的定价发布中心；鱼山街道内企业占有大蒜食品包装近80%的市场份额，仓储物流企业业务覆盖鲁西南周边地区，市场占有率近六成。鱼山街道立足“水域特色、历史资源、蒜都产业”三大特点，拓展发展空间、突出村落优势，通过分类打造各具特色的“魅力乡村”，着力打造美丽乡村建设新样板。

小镇特色：鱼山蒜都小镇以大蒜博物馆、金水湖、金马湖旅游度假区、江北水乡旅游区、金域湾白沙滩为核心，打造休闲旅游特色小镇；以寻楼温泉别墅养生度假村、崔口社区、石店社区、鱼山社区为核心，打造生活居住特色小镇；打造以大蒜健康文化，大蒜保健品企业、无公害农业基地为核心的健康长寿特色小镇。充分发挥崔口村作为全县大蒜产业发源地的优势，借力以东运集团为龙头的大蒜冷藏及120余家加工企业，打造“村企合一、以企带村、村企共赢”的发展新模式。抓住李楼村位于大蒜市场中心区域的优势，在村内积极发展大蒜周边产业，其中“金乡第一刀”生产的大蒜加工刀具在全县范围内享有一定声誉。在乡村建设中融入大蒜产业发展，以大蒜产业带动乡村建设，推进蒜都小镇产城融合进程，打造“宜业”美丽乡村。立足生态优势打造“宜居”美丽乡村。结合“江北水乡”发展战略，以金马河、大沙河、金马湖作为蒜都小镇生态长廊，疏浚治理1 155千米河道，实施大沙河东岸恒温库拆迁项目，重点打造绿化景观、河湖景观，放大水系优势，做活水文化，提升小镇生态内涵。立足各村历史文化资源，厚植文化根基。以张翟村朱鲔石室为依托，打造民俗博物馆、古井巷、民俗文化街、文化舞台等基础设施，同时对贯穿全村的6条主街和20条小街巷先后进行了外墙仿古改造，安装了水车、置石、廊架等园林小品，着力打造古韵深厚的园林式美丽乡村。依托李楼村历史文化名人——清代进士李庭，修建仿古文化长廊15米，引领崇文尚学之风。以“红色记忆”为中心，在苏楼村修建“苏楼惨案”纪念碑，铭记历史，砥砺前行。突出肖庄党建文化建设，从抓好班子、带好队伍出发，把党支部党建文化建设、四个载体建设、党员干部“四位一体”积分管理考核、党员包片联户设岗定责作为重点，把党建文化打造成亮点、建设成品牌。

图1-10　金乡县鱼山蒜都小镇

4. 临沂市平邑县地方罐头小镇

小镇概况：地方镇辖62个行政村，人口8.5万，面积157平方千米，是全国重点镇、山东省百强示范镇、临沂市优先发展重点镇，拥有中国罐头第一镇、全国农产品加工示范基地、全国农产品加工创业基地、山东省特色产业镇、山东省旅游强镇、山东省产业集群富民兴域十强镇、山东省“百镇建设示范行动”示范镇等荣誉称号，2013年获省级产业集群认定。九间棚旅游区被评为国家3A级景区、全国农业旅游示范点、全国县域旅游品牌200强景区，被中国罐头协会命名为“中国罐头第一镇”。该镇果蔬罐头产业发展起源于20世纪80年代中期，经过30多年的发展，经历了从个体作坊到公司制、从松散式到标准化的转变，涌现出康发、奇伟等一大批知名罐头品牌，产品质量和附加值逐步提升，初步实现了从单一到集群的成功转变。

小镇特色：立足果蔬罐头产业集群这一优势，地方镇果断提出以打造“集约化现代罐头食品加工园区”为核心，加大投入，着力打造产业集聚、功能完善、休闲娱乐、旅游观光、生态宜居五位一体的特色小镇。规划中的罐头博物馆设计面积10 000平方米，建成后将陈列不同时期的罐头产品图片、加工生产罐头的设备及罐头配套产品、获得的各级荣誉照片等，打造成罐头小镇的亮点工程。着眼九间棚—彭泉—观音山平邑全域旅游，倾力打造全国闻名的九间棚村景区、九间棚村省级党性红色教育基地，挖掘左宝贵英雄事迹及相关文献文物，打造民族英雄左宝贵爱国主义教育基地；打造天宝、王崮山流域风景区，挖掘范家台、大圣堂、小圣堂、朝阳洞、赵家庄溶洞等名胜古迹，做大旅游蛋糕。下一步，地方镇将着眼建设形成“两廊、两园、一中心”的布局结构，扎实推进罐头小镇基础配套及公共服务配套建设，进一步保证小镇项目承载能力，推动罐头产业转型升级，让“有罐头的地方，就有地方罐头”不仅仅局限在一句口号上，而是切实将地方镇打造成宜居、宜业、宜游，全国知名的特色小镇。

5. 临沂市兰陵镇兰陵美酒小镇

小镇概况：兰陵镇地处两省三市四县区结合部，总面积136平方千米，辖114个村，人口13.6万。2016年9月，兰陵镇被省政府批准为首批特色小镇创建单位，初步展开兰陵美酒小镇的创建工作。按照《山东省创建特色小镇实施方案》要求，到2020年，把特色小镇打造成为创新创业高地、产业投资洼地、休闲养生福地、观光旅游胜地和区域经济新的增长极。

小镇特色：兰陵镇立足创建省级美酒特色小镇实际，确定了“突出特色，提升壮大酒业；传承文化，做强文化旅游产业；宜居宜游，加快城镇化建设进程”的三大特色小镇建设思路，初步规划了31个项目，主要包括产业项目、文旅项目和基础设施及旅游配套三个类别，种类涉及产业发展、文化旅游、工业经济、社区建设、道路管网等，形成特色小镇建设的总体框架。特色小镇建设核心区不少于1平方千米，城镇建设区域达到3平方千米以上。立足当地历史文化丰厚、酒香浸远丰腴的优势，本着“重本色、创特色”的原则，因地制宜，高标准、高起点编制发展规划。进一步抓好美酒产业发展、深化历史文化挖掘、完善旅游服务和便利生活等多重功能，实现产业与镇区的和谐融合。

图1-11　兰陵镇兰陵美酒小镇

6. 济南市平阴县东阿阿胶小镇

小镇概况：东阿镇是一座历史文化古城，年代久远，声名远播，与景德镇、茅台镇并称为中国三大古镇。东阿镇作为阿胶特色小镇，创建范围东至窑头村，西至狮耳山，北至黄石山南头，南至华山北头，建设用地3.68平方千米，狼溪河湿地2.49平方千米。东阿镇作为著名的阿胶原产地，1996年荣获“中国阿胶之乡”称号，其文化传承独具特色，不仅有上千年的熬胶历史，而且古城文化、道教文化、养生文化同样历史悠久。东阿镇先后被评为省级文明镇、省级生态镇和山东省历史文化名镇、全国重点镇。发展阿胶及阿胶制品企业10余家，阿胶及阿胶制品销售企业30余家，阿胶产业集群初步形成。

小镇特色：小镇规划为阿胶研发生产区、古镇历史文化旅游度假区、慢生活民宿体验区、狼溪河湿地公园、黄石山生态文化旅游区、狼溪河生态文化旅游区、少岱山道教文化旅游区、黄河风情观光休闲区、生态农业观光休闲区九大功能区。实施以阿胶为主的一个核心产业链，产业经营＋资本运营双轮驱动的健康养生产业，实现品牌、渠道、人才三个升级，推动研发、管理、服务、生产四个创新的阿胶产业发展战略，构建以阿胶食品、药品、保健品＋健康旅游的双引擎产业体系，打造过百亿的健康养生产业集团，形成阿胶产业集群，打造多个过十亿元单品；整合现有资源，深度挖掘东阿历史文化，联合周边地区，以特色食品为基点发展文化体验、生态、健康养生为主的生态型旅游业。

阿胶小镇开发坚持政府引导、企业为主体、市场化运作的开发模式，以山东福牌阿胶有限公司等，联合其他意向企业合作投资打造。特色小镇建成后，将进一步强化阿胶的龙头地位，形成种植采摘、生态养殖、农业观光为一体的农业综合体，以东阿古镇、衙前古村、少岱山、黄石山、狮耳山、狼溪河等组成的综合性健康旅游度假小镇，快速推进产业转型升级，促进区域经济社会发展。

图1-12　平阴县东阿阿胶小镇

7. 济南市济阳县孙耿有机食品小镇

小镇概况：孙耿街道积极推进现代有机农业发展，着力打造现代农业品牌效应。打造山东旺兴庄园“公司＋土地＋农户”的经营模式，注册资本2 660万元，现有实验基地14公顷，粮食种植140公顷。旺兴庄园着力发展现代农业，以市场为导向，以效益为目标，实现从“吃饭农业”向“品牌农业”的动能转换，做到质量兴农、品牌富农。

小镇特色：孙耿街道突出“农旅深度融合”这个最大优势和特色，按照“全域旅游化、农旅一体化”的发展思路，大力开发观光农业、休闲农业等产业，全力推进农家乐和农业旅游商业化工作。同时，孙耿街道持续发展“农之星生态园”“和苑生态园”“狮子张”彩色土豆品牌、盛丰葡萄园等集采摘、旅游休闲为一体的现代农业产业园。

小镇立足有机食品产业园定位，促进食品产业向绿色、健康、有机方向升级，向产业链高端攀升。孙耿拥有得天独厚的区位优势及早期食品企业聚集优势，满足培育传统食品产业集群的先决条件。近年来，食品产业集群发育充足，作为孙耿食品龙头企业的达利集团不断扩大产能、做大做强，三株集团不断研发新技术、开发新产品。同时阳光食品二期已开工建设，新引进爱麦食品项目正在进行土地和开工手续审批，即将开工建设，支柱产业集群规模不断扩大，形成了孙耿街道食品产业集群效应。孙耿街道以食品龙头企业招来各种食品相关生产制造企业，是培育产业集群、延长食品产业链的好做法，有利于促进传统产业提档升级。2021年2月1日，孙耿有机食品小镇已被取消创建资格。

图1-13　济阳县孙耿有机食品小镇

8. 枣庄市山亭区城头豆香小镇

小镇概况：突出豆制品产业、月亮湾国家湿地公园两个城镇名片，将特色小镇定位为“豆品豆业特色小镇”，以豆制品产业为核心，以“豆 +N”的发展模式，通过实施豆制品产业提档升级、豆制品文化集中展示、豆制品主题旅游三个方面，以镇驻地、豆制品基地、月亮湾国家湿地公园为起步区，打造集豆制品研发生产、文化创意、商贸物流、旅游休闲为一体的豆品豆业特色小镇。目前，特色小镇整体规划已经完成，正积极报省住建厅审批。

小镇特色：加快豆制品产业提档升级，形成特色产业支撑。推动豆制品产业由中低端迈向高端，由粗加工向精深加工转型。鼓励支持企业创建自主品牌。目前，宏仔、誉亚、雅利洁、嘉利丰、春福盈5家企业已获得山东省著名商标，平芝、湘味等豆制品企业正全力争创省级著名商标。引导和支持企业创立研发技术中心，目前，枣庄宏仔研发中心入选省级研发中心。全面实现电商营销，鼓励春福盈、嘉利丰等企业借助阿里巴巴平台拓展网上交易新渠道，扩大网上销售规模。加大豆制品文化基础设施建设力度，重新设计装饰“中国豆制品第一镇”地标碑，提升中国豆制品文化展览馆，全方位展示豆文化。在月亮湾湿地公园内建设“豆香园”豆文化主题公园，建立豆香村、豆业展销中心、豆文化科普宣传基地等8个模块，将景观与生态有机结合，收集适生的豆科植物150余种，实行豆品展销和文化旅游。

图1-14　山亭区城头豆香小镇

9. 烟台市招远市金岭粉丝小镇

小镇概况：金岭镇总面积117平方千米，辖61个行政村，人口4.1万。全镇共有规模以上企业23家，其中烟台双塔食品股份有限公司是国内粉丝行业唯一一家上市企业，年产粉丝超过全球总量的30%。2016年全镇实现国内生产总值43.6亿元，地方财政收入9 434.6万元。连续13年被评为招远市先进乡镇，连续3年在招远市乡镇综合排名中位列第一。

小镇特色：该镇以镇驻地为中心，东起招远高新技术产业集聚区东端、西至粉丝文化博物馆，北到双塔食品老厂区、南至高新技术产业集聚区三大道，共3.45平方千米的范围内，依据产业功能划分为粉丝文化传承及循环经济、生物医药产业和乡村旅游观光共三个区域。金岭镇充分发挥粉丝生产的规模优势和集约优势，按照“政府引导、企业主导、市场决定”的方针，优先发展西部的粉丝文化传承及循环经济示范区，确保每年粉丝主业投资不少于6亿元，5年内完成固定资产投资30亿元以上。围绕粉丝主业做大做强、做精做细，构建完整的“粉丝—蛋白—纤维素—食用菌”产业链条，打造全国闻名的粉丝小镇，并带动镇域生物医药产业和乡村旅游共同发展。

图1–15　招远市金岭粉丝小镇

（三）以休闲农业和生态旅游为依托的特色小镇

以优美的自然生态环境和与众不同的农业观赏景观作为特色旅游资源的农业特色小镇，可以通过发展农业休闲观光旅游，达到增加农民收入来源渠道的目的，也能满足城乡居民对休闲放松、愉悦身心的娱乐休闲旅游需求。推进生态旅游、休闲度假、观光体验、康体养生型等特色农业小镇建设，在具备独特性的生态环境、农业景观、生活习俗等的基础上，通过开发蔬果采摘、田间劳动、田野采风、知识学习、美食品尝、民宿体验等旅游项目，吸引游客前来领略优美的田园风光、体验纯朴的农耕生活、品尝安全的农产品、享受浓郁的农家风情，以此带动小镇产业要素集聚，推进镇旅融合、景镇互动、城乡协调发展。

这类小镇往往具有独特的自然景观、良好的乡村生态环境、丰富的历史文化资源、独树一帜的民俗风情。这类小镇依托本地环境优良的生态系统和独特的人文生态，以保护生态环境为前提，为游客提供生态体验等服务。

1. 淄博市桓台县起凤康养特色小镇

小镇概况：起凤镇是全国重点镇、山东省特色小镇，水域面积占镇域面积的40%，境内有马踏湖国家湿地公园。镇域面积56平方千米，人口6万。全镇有1 300公顷天然芦苇荡，2 600公顷莲池荷塘，大小河道400余条。全镇24个行政村，有16个村是县级以上美丽乡村。白莲藕是国家地理标志产品，芦苇编织、芦苇画是非物质文化遗产。小镇历史人文资源丰富，齐王阁、五贤祠、徐夜书屋等都是著名的古迹。齐桓公会盟诸侯、马踏成湖的历史传说广为流传，苏轼、诸葛亮都曾泛舟湖上，留下著名诗篇。

小镇特色：起凤镇全力打造康养特色小镇，着力厚植工业发展根基，突出提升农业综合生产能力，持续推进民生改善，全力推动各项事业发展迈上新台阶。

图1-16　桓台县起凤镇康养特色小镇

通过扎实开展主干道路环境综合整治，彻底清除违章建筑，着力改善人居环境。逐步完善村内雨污管线，提高生活污水处理能力。建设康养小镇会客厅，展示全国特色小镇发展新理念。充分发挥马踏湖生态资源优势，建设康养型村居，做强做精休闲旅游养生业，增强小镇人口集聚效应。依托美丽乡村建设，积极发展休闲旅游、民宿、农家乐等特色服务业，扩大农民就业创业渠道，增加农民收入。

2. 临沂市蒙阴县岱崮旅游小镇

小镇概况：岱崮镇地处蒙阴、沂水、沂源三县交界和临沂、莱芜、淄博三市交界处，总面积180平方千米，辖34个行政村，人口5.3万，是中国第五大地貌“岱崮地貌”的命名地和核心地，被誉为“中国崮乡”。全镇果品种植面积6 600公顷，其中蜜桃种植5 300公顷，年产优质蜜桃2.6亿千克，被农业农村部授予“中华蜜桃第一镇”。岱崮镇先后获得首批中国最美小镇、中国生态经济强镇、省级旅游强镇、省级乡村旅游示范镇、山东省美丽宜居小镇等称号。

小镇特色：近年来，岱崮镇以“岱崮地貌”地质奇观为核心，以全域旅游为统领，全面打响“崮秀天下、世外桃源”品牌，逐步将岱崮镇建设成为生态环境优美、设施服务完善、乡土文化浓郁、景色景观宜人、城乡风貌鲜明的小镇。岱崮镇大

图1－17　蒙阴县岱崮旅游小镇

力实施农商文旅融合发展战略，不断迈出科学发展、绿色崛起新步伐。辖区内拥有国家4A级景区岱崮地貌旅游区、五星级好客人家农家乐上山下乡旅游度假村、2A级景区“大崮小院”，省级旅游特色村5个、农业旅游示范点2个。岱崮地质公园获批省级地质公园，并成功进入世界地质公园创建名录，2018年验收。全镇经济社会实现持续健康发展。

按照高点规划、从容建设的原则，坚持生态、文化、旅游一体规划、一体开发，着力打造集旅游观光、休闲娱乐为一体的全镇域休闲旅游区。现今的岱崮，春来人面桃花、曲径通幽、落英缤纷，盛夏静谧凉爽、飞瀑流泉、鸟语花香，金秋硕果累累、农家采摘、喜气洋洋，朔冬满天飞雪、崮岳兀立、水墨画卷。

3. 济南市历城区西营生态旅游小镇

小镇概况：西营镇山美水丰，是济南泉水的发源地，境内有名泉103眼，无名泉数百眼，全镇平均海拔400米以上，镇内有济南市最高的山峰——云梯山（海拔976.8米），海拔最高的行政村——拔槊泉村（780米）。2012年底时，全镇林木覆盖率已达71.3%，荒山绿化率达96%，植被覆盖率达95%，称为“泉城绿肺”实不为过。西营之名来自唐王李世民，隋朝末年，李世民东征时曾在西营安营扎寨，屯兵操练，西营因此而得名，留下了跑马岭、拔槊泉、积米峪、晾米台等许多地名和历史传说。

小镇特色：西营生态旅游小镇是济南四个省级特色小镇之一，定位以康体休

图1－18　历城区西营生态旅游小镇

闲度假、生态观光游憩、农业产业示范功能于一体，山水风情浓厚。西营小镇在拔槊泉、小南营、藕池、上降甘等村试点发展民宿旅游文化，积极打造“乐居西营”的旅游品牌与标志性建筑，形成独有的西营旅游小镇文化，从场地、建筑、客房、文化等方面入手，发展“改厨改厕”标准化改革，同时发展小镇红色文化建设，如算盘革命遗址、葫芦峪革命遗址、佛峪革命遗址等七处革命文化遗址，以其独有的风格吸引了不少游客前来观光。

4. 济南市长清区马山慢城小镇

小镇概况：马山慢城项目，以休闲度假、园林工法展示为核心，规划打造集慢活休闲、生态体验、文化旅游、度假养生于一体的道家文化国际慢城。“慢城”项目的高端定位和强力带动，推进马山景区、王坊湿地等优质旅游资源整合，丰富完善宗教观光、生态旅游、休闲度假、乡村旅游四大产品。以马山景区为支撑，做好马山山体提升工程，以全新的面貌迎接“三月三”庙会；做好雪桃采摘节，打造雪桃园民俗体验区和锦鲤观赏休闲园区，提升赏花游、雪桃采摘游档次，搞好特色农副产品开发，研发并移植部分桃木工艺品到马山；做好王家坊湿地公园，实施湿地恢复、塘坝治理、生态护坡及绿化工程，让生态环境更加优化，服务功能更加完备，度假环境更加优良，促使旅游与城镇、景区与乡村“双轮驱动”。“慢城”项目作为济南市新农村旅游发展的标杆具有示范推广价值，以此辐射带动，加快长清南部山区的旅游资源整合开发，打破行政管辖枷锁，做特做美南部旅游区。

小镇特色：马山镇充分依托独特的生态旅游资源，借力乡村连片治理项目，发挥国际“慢城”项目的龙头带动作用，大力实施旅游兴镇战略，围绕本地文化、产业优势、景观特点、地理特色，举全镇之力建设生态旅游特色镇。紧密对接全区工作规划，坚持生态立镇，科学定位、合理谋划，制定出“一城两园”的长期发展规划，初步建成主体定位鲜明、建设风格独特、生活环境整洁、基础设施完善、主导产业成熟的“慢城”特色小镇。依托扁鹊故里、栝楼之源的品牌优势，依靠山东中医药大学的技术优势，依据产学研的发展优势，走校、地、企三方合作的路子，进一步优化特色中药材品种，拉长产业链条，形成规模效应。丰富产业园内涵，吸收以泉城锦鲤文化小镇为代表的生态休闲、疗养保健等项目入驻建设，

图1-19　长清区马山慢城小镇

带动马山特色中药材产业的传承和发扬，建成名副其实的“道地药乡”。2021年2月1日，马山慢城小镇已被取消创建资格。

5. 青岛市平度市大泽山葡萄旅游古镇

小镇概况：大泽山镇辖区面积151平方千米，镇域常住人口6.2万，下辖村庄80个。2015年，全镇GDP达39亿元，城镇居民人均纯收入2.1万元。

大泽山镇素有“中国葡萄之乡”“中国鲜食葡萄”第一镇称号。“大泽山葡萄”作为中国驰名商标，2008年通过地理标志保护产品认定，并入选全国果品区域公用品牌50强。

小镇特色：大泽山镇葡萄生产历史距今已有2 100多年。目前，全镇葡萄栽植面积达2 300公顷，品种200余个，年产葡萄5 000万千克，实现农民收入7亿元。大泽山鲜食葡萄的主打品种是玫瑰香、泽山一号、巨峰和金手指等，酿酒品种有莎当妮、北醇、威代尔等。葡萄产业与其他产业相互融合发展，以生产种植为核心，分别向上、向下延伸产业链，探索纵深产业，拓展研发、深加工、酒庄旅游、度假服务等衍生产业。借助特色小镇创建工作机遇，大泽山镇积极争取上级政策，联合国内著名高校、设计院共同推动大泽山葡萄旅游古镇规划建设。为加快葡萄旅游古镇项目的建设，市镇两级均成立了专门的工作机构。已成功与青岛城投集团、青岛旅游集团和平度城投集团进行深入合作。

图1–20 平度市大泽山葡萄旅游古镇

6. 淄博市桓台县起凤马踏湖生态旅游小镇

小镇概况：马踏湖风景区位于桓台县北部，总面积近百平方千米，湖内有2 100余条船道，纵横相连，交织成网，素有“北国水乡”之称。马踏湖是山东省政府命名的省级重点风景名胜区和生态功能保护区，国家湿地保护区，AAA级国家旅游景区。湖区风景优美，气候宜人，名胜古迹众多，是天然的旅游胜地，素有北国江南之美称。湖内碧水荡漾、河道纵横、交织成网，芦苇荡、荷花塘一望无垠。乘船湖中游，杨柳参天、蒲苇夹道、曲径通幽。每年到此游览观光的中外游客达30万人。

小镇特色：2016年，起凤镇“马踏湖生态旅游小镇”入选山东省特色小镇，省市县在资金、土地、人才、技术、项目等方面，对起凤镇示范镇建设和特色小镇建设制定了配套扶持政策。围绕特色小镇建设，起凤镇被赋予更多的县级经济社会管理权限；县设立生态旅游和先进制造产业开发引导资金，为马踏湖发展提供资金扶持和奖励；对全县符合起凤镇发展定位的旅游项目、制造项目和服务项目，优先在起凤布局；县设立生态建设专项资金；县级投融资平台优先支持起凤镇新型城镇化建设，授权淄博会城投资有限公司作为独立的镇级融资平台开展金融融资。

起凤镇在发展过程中注重一、二、三产业的融合，依托湿地休闲观光，发展生态农业和手工业，重点发展湖区特色美食和手工艺品；推动“生态旅游＋特色医养”协同发展，将生态优势不断放大。发挥市场的主体作用，成立了山东马踏湖旅游开发有限公司，引进中国远洋集团作为社会资本方，协力运作湿地旅游开发。

为进一步加快特色小镇建设，起凤镇设立了规划建设管理机构，科学划定功能分区，清晰界定保护范围，注重地域风貌特色塑造，确立了以生态旅游为重点突破、以医养结合为特色的经济发展方向，高标准配套道路、供气、供水、供电等公共基础设施建设，提升科、教、文、卫等公共服务设施水平，提高城镇载体功能。生态旅游、特色医养等特色产业相互融合、齐头并进，生态开发、科技创新等新产业动能不断培育，对镇域经济的支撑作用显著增强，推动了商贸、娱乐、文化、餐饮、住宿等服务业的综合发展，共拉动城镇人口就业2.8万人，实现农村劳动力转移1.9万人。

图1－21　桓台县起凤马踏湖生态旅游小镇

7. 枣庄市山亭区徐庄休闲慢游小镇

小镇概况：2016年，徐庄镇被列入全省首批60个特色小镇创建镇之一，该镇紧抓机遇，充分整合优势资源，突出规划引领，突出旅游项目招商、建设，资源挖潜等重点，精准发力，推进休闲慢游小镇建设，着力打造宜居、宜游、宜休闲慢游小镇典范。“休闲慢游小镇”并不是镇上的某一个区域，而是指的整个徐庄镇，以逍遥乡村、慢游田园为基调，全镇休闲，全镇慢游。生态是徐庄最大的优势，绿色则是徐庄最亮的特色。

小镇特色：明确规划核心区域，东至石佛寺，西至乔山村，南至葫芦套村，北至梅花山。利用生态优势，突出“匆匆来、徐徐行、慢慢游”主题，着重解决乡村旅游发展过程中块头小、产业链条短等不足。依托资源优势，打造融汇旅游度假、运动休闲、健康养老、商务会展、生态居住、流量服务、民俗村落建设等七大服务功能，以北留路为轴形成居住服务、运动休闲、民俗旅游、度假养老和中药养生五大板块。采取政府引导、企业为主、市场化运作的投资方式，通过产业、文化、旅游“三位一体”，生产、生活、生态“三生融合”，工业化、信息化、城镇化“三化驱动”，项目、资金、人才“三方落实”，统筹推进小镇项目建设。

8. 济宁市梁山县马营旅游休闲小镇

小镇概况：马营镇总面积52.4平方千米，有省级首批特色小镇、省级文明乡镇、特色林果之乡、山东省农业旅游示范点等荣誉称号。拥有当年800里水泊唯一遗存水域——梁山泊遗址湿地、近千年历史的鲍垓古槐、有着美丽传说的马营和肖皮口的“义和碑”、鲍垓村的玄帝碑、述说人文历史的宋江坝头、三官庙。晚清民居彰显着马营镇人民群众的古老智慧，体现美丽家乡建设的葡萄采摘园、韩国梨种植园，留住乡愁的倪楼村伊犁湖，村庄与周边环境相得益彰，村景交融，田园景观优美。

小镇特色：凝聚自身优势，挖掘产业特色、人文底蕴和生态禀赋，建设专属于马营镇的产业，吸引更多的投资企业，延伸产业链，形成“产业本身＋产业应用＋产业服务”的相关产业集群机构。结合梁山水浒文化公园一体开发，开辟梁山水浒文化游、湿地休闲游、生态农业游三位一体旅游产业综合体。以特色农业和规模农业为导向，着力提升农业现代化水平，推进农业由生产向生活服务和环境生态多功能转变，建成高效性、生态型、外向型和品牌型现代农业体系。重点对玄帝碑、晚清民居等历史遗址建立档案，实现文化传承的同时，融合产业活化重生，打造工业强镇、旅游生态名镇和特色林果之乡三位一体的“卫星城”。

图1-22　梁山县马营旅游休闲小镇

9. 济南市莱芜区雪野旅游区养生休闲度假小镇

小镇概况：雪野镇总面积220平方千米，辖49个行政村，4个管理区，人口4.7万。雪野镇经济和各项社会事业蓬勃发展，已建成以生姜种植、渔业养殖和林果多种经营为基础，第三产业迅猛发展的新兴旅游城镇。雪野镇有丰富的旅游资源，莱芜市旅游发展规划的“一山一水一峡谷”中的一水——雪野水库、一峡谷——齐鲁大峡谷就在雪野镇内。还有多处著名的旅游风景点，如九龙大峡谷、齐长城、吕祖泉等。2017年，雪野镇入选全国第二批特色小镇。小镇的主题定位：休闲度假小镇、山水养生天堂。形象定位：世外山乡、康养林海。

小镇特色：绿地雪野湖健康旅游小镇项目，占地约2 600公顷，建设用地约1 600公顷。依托雪野湖得天独厚的自然风貌景观，坚持“生态为基、产业为本、文化为魂”的开发理念，环湖打造健康科教宜居区、旅游产城融合区、体育运动休闲区、智湾科技创新区、新兴产业示范区、康养度假区、田园生态颐养区七大

图1－23　莱芜区雪野旅游区养生休闲度假小镇

功能板块，计划引进国际会展中心、国际健康中心、齐鲁医院、北京师范大学附中、山东中医药大学等产业项目，将该项目打造成“365全天候旅游、度假、健康养生之城”、“24小时活力之城”、国家级特色示范小镇。

10. 菏泽市郓城县郓州水浒旅游小镇

小镇概况：郓州水浒旅游小镇位于中心城区南部，是郓城县重点培育的特色小镇之一，总投资55亿元，用地面积约3.78平方千米。规划布局为“一心引领，四区联动，五水环抱，八道纵横”，主要内容包括水浒旅游核心景区、慢城小镇生活区、文化产业聚集区、水泊遗风民俗区四大板块。

小镇特色：水浒旅游核心区包括水浒好汉城、印象水浒、旅游集散中心三大部分，纳入全国优选旅游项目。文旅产业聚集区规划面积100公顷，以郓城一中的落地建设为依托，打造优良的社区环境，配套便利的基础服务设施，形成以国学教育为特色的教育产业聚集区。以水浒文化为主题，大力发展关联产业和融合产业为主的文旅产业，规划建设水浒文旅产业园、郓城文创基地、民俗文化产业园和广济河休闲带，形成以文旅产业为纽带、特色文化为中心的文旅产业聚集区。水泊遗风民俗区规划面积约180公顷，是水浒特色小镇最具有水泊风情的郊野休

图1-24　郓城县郓州水浒旅游小镇

闲板块，与小镇产业园区、生活社区的现代功能形成互补。以水浒故事中水泊乡村的原始风貌为依托，用特色村落承载郓城“武术之乡、书画之乡、戏曲之乡”三张名片，融入高端民俗、露营公园、丛林娱乐等热点旅游项目。水泊遗风民俗区重点建设内容包括水泊民俗、露营公园、丛林乐园、牡丹花苑、油菜花海、书画村、武术村、戏曲村。

11. 潍坊市安丘市新安齐鲁酒地小镇

小镇概况：新安齐鲁酒地小镇（齐鲁酒地）位于安丘青龙山区域，始建于2012年，规划面积5.1平方千米。位于安丘市区北部的青龙山，过去因采石面目全非，丘陵荒坡上采石矿坑遍布，满目疮痍。2012年，山东景芝酒业在荒芜中发现希望，为实现“变废为宝、还绿于山、造福于民”的生态梦，开启了一段“化腐朽为神奇”的创建之旅。历经5年的治理，昔日光秃秃的青龙山如今已是满目葱茏，丘陵荒坡变成了风景秀美的绿水青山。齐鲁酒地先后通过对损坏山体的修复和利用，在现有的地形、地貌、地势的基础上，进行生态环境恢复和治理。如今，齐鲁酒地园区景观绿化面积约50公顷，酒文化交流中心、酒文化博览中心、洞藏酒中心、游客服务中心、中国古陶瓷小镇、婚纱摄影基地、青龙房产俱乐部等项目已建设完成，并开始运营。齐鲁酒地以打造“宜业、宜居、宜游幸福小镇”为核心定位，整体规划了文化创意、旅游体验、运动休闲、教育培训、健康养生五大产业板块。

小镇特色：文化创意板块即青龙文化小镇，致力打造为艺术品展示、交流、鉴定、收藏的文化殿堂。国际艺术会展中心常年组织书画展、艺术品展、拍卖会等文化活动；青龙古陶瓷博物馆典藏了近千件古陶瓷艺术品，是中国文物保护基金会山东工作站驻地。青龙文化影视基地，还建设了月亮湾梦想城、钟楼、美酒池、千亩花海、快乐向前冲等实景拍摄地，为影视剧制作提供多元化服务。旅游体验板块围绕青龙山—凤鸣山景观带，打造了壮美连绵的花海，形成了美丽的田园风光。围绕青龙河景观带，打造了新柜 e 族、房车露营、火车驿站及极具特色的酒文化主题大酒店，给游客营造别具一格的旅居体验。酒文化博览中心和地下酒窖，则记录演绎着中华五千年的酿酒文化。运动休闲板块打造具有国际视野的运动休闲体育特色小镇，已建成投入运营风筝放飞、棋牌比赛、骑行、高智尔球、太极拳、CS 野战、水上高尔夫练习、户外拓展等运动休闲场所，为酒地增添了更多亮点。教育培训板块以“立德树人”为宗旨，打造全国顶尖的青少年核心素养教育基地。建设童军运动营、青少年 EMBA 培训、国际研学、传统国学、社会实践基地等精彩项目。为培养高等级职业人才，山东食品科技学院、景芝学府等教

图 1－25　安丘市新安齐鲁酒地小镇

育培训项目正在筹备中。健康养生板块以打造幸福小镇为目标，建设星之家、竹林别苑等养生地产，配套环境优雅的养生会馆、设施齐全的康体中心，营造养心、静心、悟心的养生空间。

（四）以历史经典风貌文化为支撑的特色小镇

每一个小镇的资源禀赋条件、经济社会基础都各有差异，再经过历史文化的长期积累演变过程，最终逐渐形成了这个小镇的“特色”。因此，特色小镇的建设培育和其所处的自然生态环境、长期发展而来的历史文化传统习俗息息相关，需要在因地制宜的路径指导之下稳步推进、绿色发展。依托小镇特有的农耕文化、民风民俗、传统工艺、节庆文化、民间艺术等，强化农业文化创意、保护与开发，通过创意设计等手段将农业文化、农艺技术、农耕活动、民俗风情、市场需求有机联结起来，提升农业的文化内涵和农产品附加值，彰显小镇独特的文化魅力，提高小镇综合竞争力。该类特色小镇基本分布在历史文化底蕴丰厚的地区，基本特点是依托历史经典产业，叠加生态、文化旅游功能，打造旅游景区型特色小镇。除此之外，还有聚焦非物质农业文化遗产保护、创意休闲农业等不同产业模式的特色小镇，差异化发展避免了小镇“千镇一面”，为小镇提供了长久的生长空间。

1. 淄博市淄川区昆仑镇陶瓷风情小镇

小镇概况：昆仑镇总面积32平方千米，总人口13.38万。昆仑镇历史悠久，隋唐时期因利用地表层一种黑石烧制陶瓷而远近闻名，制瓷业始于唐，兴于宋，是北方生产年代最早的窑口之一。昆仑镇围绕“陶瓷文化名城、生态宜居新城”的发展定位，以园区建设为着力点，全力抓好工业经济发展，形成了机械制造、医药化工和陶瓷文化三大主导产业，占全镇经济总量的85%以上。

小镇特色：昆仑镇以“1954”陶瓷文化创意园为重点，充分发挥陶瓷文化产业的传统优势和特色优势，大力发展陶瓷文化创意、陶瓷文化旅游和陶瓷新材料产业，以陶瓷工业旅游和陶瓷体验为主线，形成了陶瓷文化旅游特色品牌。把陶瓷文化贯穿于城市建设全过程，建设了一批承载文化记忆、富有时代特色的陶瓷文化街区、建筑群落和文化景观，提升了昆仑小镇对外形象。以美丽乡村建设为契机，进一步助推乡村振兴，谱写了昆仑“特而优、小而美、聚而合”的国家级特色小镇建设的新篇章。

立足区域优势，加速产业转型，高标准编制了“一山、一水、两园、三路”的规划蓝图，打造陶瓷风情小镇、文化昆仑的新名片。围绕机械制造强镇和陶瓷文化名镇，规划建设高端装备产业园和文化创意产业园平台，吸引周边乃至全区、全市企业向园区集中，扶持发展骨干企业，推动新研发、新工艺和新市场项目，拉长产业协作链条，形成了机械制造产业集聚区和陶瓷文化产业集聚区，两大产业集聚区占全镇经济总量的86%。

依托陶瓷产业优势，昆仑镇推动经济结构由“二三一”向“三二一”转变，以陶瓷文化创意为重点，以机械装备产业为支撑，按照“一山、一水、两园、三路”的规划，全力打造陶瓷风情小镇。“一山”就是依托昆仑山，发展以休闲、采摘为主的慢生活运动区域；“一水”就是依托孝妇河，对昆仑段两侧6.88千米沿河道路提升改造，打造以陶瓷文化为重点的景观长廊；“两园”是陶瓷文化创意园和陶瓷文化主题公园。“三路”是在镇境内的张博路、张博路附线、泉王路3条国、省道上，在关键路网节点建设不少于100处的以陶瓷文化为主题的景观带，让路人时时欣赏到淄博的陶瓷文化。

按照“西进、东控、北扩、南连、中优”的原则，规划形成1个中心城区和6个中心社区，用10年左右的时间，建成承接淄川与博山、辐射东西的区域性次中心城市。

图1–26　淄川区昆仑镇陶瓷风情小镇

2. 济宁市曲阜市尼山镇尼山圣地小镇

小镇概况：尼山镇南接邹城，北邻泗水，是处于三县市交界处的省级历史文化名镇，相继荣获“国家级生态镇”“中华诗词之乡”“省级生态乡镇”等称号。境内有全国重点文物保护单位尼山孔庙和尼山书院等10多处文物古迹，有尼山砚雕刻、刘楼刺绣等非物质文化遗产。尼山镇基于经济转型升级和新型城镇化建设的前瞻思考，坚持“全域旅游”，立足“生态型文化旅游名镇”定位，初步形成以尼山圣境为龙头、以美丽乡村为腹地、以观光农业为延伸的旅游发展新格局。

小镇特色：尼山圣地小镇主要包括宫像区、尼山孔庙（书院——夫子洞）、耕读书院、景区集散中心（鲁源村）、配套服务区（含尼山书院酒店）和一个环湖文旅产业带。特色小镇内有尼山孔庙、尼山书院等国家重点文物保护单位，四基山观音庙等十余处省级重点文物保护单位，尼山世界文明论坛等国际文化品牌。未来以尼山圣境为引领，将圣地小镇打造成为集文化体验、修学启智、生态旅游、休闲度假于一体的复合性文化度假产业综合体，最终成为独具东方韵味的儒家文化休闲度假小镇。围绕吃、住、行、游、购、娱六大产业链，推出一批精品文旅项目，并以民宿产业为代表，加快推进尼山圣源小镇等项目。特色文化旅游项目为载体，发展集养生、休闲、度假、商务为一体的全方位、高品质、现代化的养生养老产业。策划主办尼山世界女性论坛、世界儒商大会、圣城马拉松等。

图1–27　济宁市曲阜市尼山镇尼山圣地小镇

（五）以农业创意创新创业为特点的特色小镇

1. 菏泽市郓城县张营镇彭湖音乐风情小镇

小镇概况：张营镇总面积113.6平方千米，人口1.96万。2016年，全镇GDP达62.1亿元，城镇居民人均可支配收入2.2万元。获山东省美丽宜居镇、省级文明镇、省平安建设先进乡镇、省精神文明先进乡镇等荣誉称号。

小镇特色：彭湖音乐风情小镇是在彭庄煤矿沉陷区生态修复基础上，依托郓城地区历史文化背景、戏曲文化资源，建设以音乐产业为主体，集生态旅游、文化体验、音乐教育发展、音乐产业创新等功能为一体的特色小镇。

张营镇以音乐产业＋文教＋旅游＋体验式消费为特色，建设音乐文化主题园区与园林艺术融于一体的人文生态环境。设立彭湖艺术基金，资助彭湖音乐风情小镇八大板块文化产业。通过旅游演艺、影视音乐主题酒店等衍生产业提升旅游质量和旅游体验，形成鲜明而富有特色的文化产业。

探索采煤塌陷区环境整治新模式，旨在将彭庄煤矿沉陷区及周边乡村打造成为中国音乐主题旅游目的地、国家4A级旅游景区，展现“绿水不墨风景，彭湖无弦自音”的和谐宜居优美环境。

围绕“一周一活动、一月一赛事、一季一节事”开展相关活动，包括四个季节性节事演出（春蕾音乐节、天籁音乐节、国音节、礼乐节）及八类序列性演出活动

图1－28　郓城县张营镇彭湖音乐风情小镇

（影视音乐华韵杯颁奖晚会、音乐电影活动月、戏剧音乐活动月、音乐剧活动月、现代戏曲活动月、舞曲音乐活动月、歌舞剧活动月、芭蕾舞剧活动月）。发展与音乐相关的其他产业，如齐鲁文化艺术产业、音乐文化创意产业等。

2. 德州市庆云县尚堂镇石斛小镇

小镇概况：尚堂镇位于庆云县南部，全镇总面积106平方千米，辖22个社区、2个独立村，总人口6.2万，是庆云县人口、面积第一大镇。2000年尚堂镇被评为省级中心镇，2011年被评为省级小城镇建设示范镇，“万名货郎闯关东”的传奇故事发祥于此，传统美食“尚堂扒鸡”远近闻名。2014年入选“全国重点镇”。2015年山东省第四批特色产业镇名单公示，尚堂镇榜上有名。2017年被住房和城乡建设部认定为第二批全国特色小镇。2017年11月，尚堂镇获评第五届全国文明村镇。

小镇特色：尚堂镇以发展石斛规模种植为主线，发展半夏等其他特色种植业，扎实推进20个特色农庄建设，加快“一庄一品”特色建设，打造铁皮石斛高效生态种植示范区。依托铁皮石斛基地，从医、药、养、游、购、娱、创七大业态缔造中医药养生产业链，打造集中草药种植、中医药文化旅游、中医药人才培训、中医药健康疗养、中医药贸易产业、养老产业、中医药创客于一体的休闲、康养、度假、旅游基地，把基地打造成京津冀协同发展生态养生胜地、全国健康养生旅

图1－29　庆云县尚堂镇石斛小镇

游度假目的地。尚堂镇打破单一的政府、企业投资模式，实施政府、石斛产业主体、投资公司三方控股的运营机制，采取“公司＋农庄＋农民”的发展模式，融入互联网＋、旅游＋，利用科技研发平台，扩大石斛种植规模，推进农民致富、产业壮大。

3. 滨州市博兴县吕艺镇农创小镇

小镇概况：吕艺镇总面积113.6平方千米，辖41个行政村，总人口4.5万，耕地面积5 600公顷。环渤海地区第一个农村党支部在该镇高渡村成立，是中国优秀传统剧目——吕剧的发祥地，1996年被山东省文化厅授予“山东省吕剧艺术之乡”荣誉称号。2008年初，又被文化部授予“中国吕剧艺术之乡”荣誉称号。

小镇特色：推动农业创优、农民创富、农村创美，打造“全国农创示范区”。放大博华农业等龙头企业辐射带动力，实施农民就业再就业工程，抓好农民职业培训中心项目建设，全力打造农民创业创新示范基地。建设江北苗木交易中心展示区，扩建益丰万亩生态林场、组培项目和生态养殖基地，扩大有机肥项目生产能力，全力打造现代农业产业园。实施600公顷农业开发、750公顷高标准农田整理、1 200公顷5万吨粮食项目、470公顷高效节水灌溉工程等一批民生项目，全力打造高标准农田示范区。启动老年公寓四期项目，培育和壮大医养健康产业。培育新型经营主体，加强面向小农户的社会化服务，充分发挥各村合作社作用，培育种植大户，通过合作社和种植大户流转土地等多种形式壮大农业发展新动能，实现镇域农业“新六产”融合发展。

坚持“高标准建设、高质量整治”的原则，将工业园区创建成为全镇经济发展的新引擎、升级版。开展环保专项整治活动和支脉河流域水质达标工作，对工业园区内涉水企业进行全面排查整治，防止“小、散、乱、污”企业死灰复燃。园区内涉水企业生产污水通过“一企一管”方式汇入光大水务集中处理。与京博工业园区融合对接，营造“低成本、高效率、无干扰”的发展环境，搭建项目集聚、功能完善、布局合理的工业项目集中区。

实施“腾笼换鸟”、产业转型攻坚行动，重点引进科技含量高、对地方贡献大的项目。加大对“僵尸”企业和低效能企业的处置力度，为科技含量高、对地方贡献大的项目拓宽发展空间。

4. 青岛市即墨市大信太阳能小镇

小镇概况：即墨太阳能小镇一二三产联动融合发展，以光伏农业园区为载体，实现了科技园区、现代农业园区和创业园区“三园同建”，成为科技聚合、产业聚合、创业孵化元素聚合的示范高地。在“一产”和“二产”基础上，小镇的光伏农业休闲观光旅游吸引了大批游客前来，每到周末，太阳能小镇成为青岛地区周边游的好去处。发展至今，即墨太阳能小镇的光伏农业模式已经遍及全国28省市，开拓了新兴产业的广阔空间。

小镇特色：丰富的产业布局和运营是即墨太阳能小镇蓬勃发展的强大引擎。在小镇内，由华盛绿能打造的全国首个大农业生态圈在这里形成，果蔬、花木、食用菌、茶叶、循环农业等十二大产业集群为小镇发展注入了产业动力。在太阳能小镇内，育种、种植、生产、物流、营销全产业链运作，形成完善的产业体系闭环，有效推进了农、林、牧、渔、加工、制造、餐饮、仓储、保鲜、金融、工商、旅游等一二三产的融合发展，令太阳能小镇的农民实现了多元化收益。

2015年，太阳能小镇内建设了国家首个农业类孵化器——青岛农业创客空间，2016年，创客空间晋升为国家级众创空间。孵化农业创客和小微农业企业也是小镇光伏农业生态圈中的一环，依托小镇的光伏农业园区，农业创客空间面向包括大学生、返乡农民工、种植能手及农业合作社等具备孵化创业条件的社会生产力和单位，通过农业创客空间提供的十二大服务平台，为入驻空间的创客和创业企业提供一整套专业服务并助其发展。

图1–30　即墨市大信太阳能小镇

第二章

田园综合体

2012年，无锡市阳山镇开始了第一个田园综合体——“田园东方”项目的落地实践，目前已发展成为集农业、文旅、居住为一体的成熟模式。2017年2月5日，田园综合体作为乡村新型产业发展的亮点措施被写进中央一号文件，措施提出支持有条件的乡村建设以农民合作社为主要载体、让农民充分参与和受益，集循环农业、创意农业、农事体验于一体的田园综合体，通过农业综合开发、农村综合改革转移支付等渠道开展试点示范。随之，确定以河北、山西、浙江、福建、广西、重庆、四川、陕西等18个省（市、区）为试点，该项工作在全国范围内推广展开。这是自十八大以来，继美丽乡村建设、特色小镇建设、发展现代农业等部署后，又一项推进新农村建设的国家方略，充分反映了国家对农业、农村、农民问题的重视。当前，社会各界高度关注田园综合体建设，学界的研究主要集中在规划编制、个案介绍和政策文件解读等方面，对其理论基础及未来发展的系统思考还有待深入。中央一号文件首度提出的田园综合体，是培育新型农业经营主体，促进农村一、二、三产业融合发展的支撑和主平台。在深入推进农业供给侧结构性改革、加快培育农业农村发展新动能的新阶段，田园综合体建设理应成为乡村振兴战略的主抓手与主平台之一。

一、田园综合体的政策扶持

1. 田园综合体政策沿革

2012年，“田园东方”开启地方实践。在无锡市惠山区阳山镇和社会各界的大力支持下，第一个田园综合体项目——无锡“田园东方”在“中国水蜜桃之乡”阳山镇落地。

2016年，田园综合体从地方上升到中央高度。2016年9月，中央农村工作领导小组办公室领导考察指导无锡田园东方项目，给予高度评价。

2017年2月5日，田园综合体首次出现在中央一号文件中。2017年2月5日，田园综合体作为乡村新型产业发展的亮点措施被写进中央一号文件。原文如下：支持有条件的乡村建设以农民合作社为主要载体、让农民充分参与和受益，集循环农业、创意农业、农事体验于一体的田园综合体，通过农业综合开发、农村综合改革转移支付等渠道开展试点示范。

2017年5月，财政部下发了《关于开展田园综合体建设试点工作的通知》，明确重点建设内容、立项条件及扶持政策，确定河北、山西、内蒙古、江苏、浙江、福建、江西、山东、河南、湖南、广东、广西、海南、重庆、四川、云南、陕西、甘肃18个省（市、区）开展田园综合体建设试点，深入推进农业供给侧结构性改革，适应农村发展阶段性需要，遵循农村发展规律和市场经济规律，围绕农业增效、农民增收、农村增绿，支持有条件的乡村加强基础设施、产业支撑、公共服务、环境风貌建设，实现农村生产生活生态“三生同步”、一二三产业“三产融合”、农业文化旅游“三位一体”，积极探索推进农村经济社会全面发展的新模式、新业态、新路径。

2017年6月5日，财政部印发关于《开展农村综合性改革试点试验实施方案》的通知，通过综合集成政策措施，尤其是多年中央一号文件出台的各项改革政策，多策并举，集中施策，推进乡村联动，政策下沉到村，检视验证涉农政策在农村的成效。切实尊重基层干部群众主体地位、首创精神，积极发挥农村综合改革在统筹协调、体制创新、资源整合方面的优势，扎实推进农业供给侧结构性改革，有效释放改革政策的综合效应，为进一步全面深化农村改革探索路径、积累经验。

从国家对田园综合体的政策演变可以看出：第一，田园综合体建设是国家深入推进农业供给侧结构性改革、加快培育农业农村发展新动能的一件大事。第二，田园综合体是一种旨在拓展农业产业链、价值链的新业态。第三，田园综合体是宜居宜业特色村镇的重要形态结构和产业组成部分。第四，田园综合体应在有条件的乡村进行建设。第五，田园综合体的建设应以农民合作社为主要载体，让农民充分参与和受益。第六，田园综合体建设的重点是循环农业、创意农业和农事体验。第七，国家支持田园综合体建设的渠道和方式是“农业综合开发、农村综合改革转移支付等”，并有序开展试点示范。

2. 党的十九大与田园综合体

党的十九大报告中关于乡村的阐述有三个关键词：乡村振兴、美好生活、精准扶贫。田园综合体是乡村振兴的主平台，是美好生活的新样本，是精准扶贫的新模式。

美好的“田园”是我国古代人们向往的理想空间。农村是我国传统文明的发源地，乡土文化的根不能断，农村不能成为荒芜的农村、留守的农村、记忆中的故园。实施乡村振兴战略，让农业经营有效益，让农业成为有奔头的产业，让农民成为体面的职业，让农村成为安居乐业的美丽家园，必须着眼于“新田园时代”背景，在城乡融合发展中创造“现代田园”，关键的平台就是田园综合体。

田园综合体将成为城乡一体化的新支点和新引擎。中央城市工作会议指出，我国城镇化必须同农业现代化同步发展，城市工作必须同“三农”工作一起推动，形成城乡发展一体化的新格局。中央农村工作会议指出，农业还是“四化同步”的短腿，农村还是全面建成小康社会的短板。中国要强，农业必须强；中国要美，农村必须美；中国要富，农民必须富。

以城带乡、以工促农，形成城乡发展一体化新格局，必须在广阔的农村地区找到新支点、新平台和新引擎。具有多元集聚功能的田园综合体恰好可以成为实现这一目标的优良载体。也就是说，田园综合体将成为实现乡村现代化和新型城镇化联动发展的一种新模式。

田园综合体将成为农业供给侧结构性改革新的突破口。近年来，我国将农业供给侧改革作为转化“三农”发展动能的主要抓手，进行了多项改革尝试，取得了一定效果，积累了良好基础，特别是在“提质”方面、在优质农产品供给方面取得了较大突破。如何将现有改革项目集聚、联动，形成精准发力、高起点突破的新引擎，在进一步“提质”的基础上做到“增效”，让农民充分受益，将是“三农”领域改革面临的新挑战。

田园综合体集循环农业、创意农业、农事体验于一体，以空间创新带动产业优化、链条延伸，有助于实现一二三产深度融合，打造具有鲜明特色和竞争力的“新第六产业”，实现现有产业及载体（农庄、农场、农业园区、农业特色小镇等）的升级换代。

田园综合体将成为新农村建设的新样本。我国农村幅员辽阔，要实现“农村美、产业兴、百姓富、生态优”的综合效益，应该选择聚居模式。但以往部分地区“赶农民上楼”的聚居模式，并不能满足广大农民的宜居愿望，也不符合中国乡村自古以来的田园居住特色。依托田园综合体，可以探索多元化的聚居模式，既保持田园特色，又实现现代居住功能。借助聚居功能，田园综合体也将成为实现城乡基础设施和公共服务均等化的最佳空间。

田园综合体将成为高端人群集聚地。在我国现代化发展较快的地区，作为主要潮流的城市化和非主要潮流的逆城市化是共同存在的。特别是在沿海发达城市，逆城市化的主要群体是高端人群。可以预见，在较为发达的城市，郊区化现象将进一步扩散。而中国人传统的“田园”情结，也将吸引越来越多的人选择住在郊区、回归田园。

田园综合体将成为农民脱贫新模式。精准扶贫最重要的是赋予农民及其从事的产业自主“造血”的功能。田园综合体集聚产业和居住功能，让农民充分参与和受益，是培育新型职业农民的新路径。各种扶贫政策和资金，可以精准对接到田园综合体这一“综合”平台，释放更多红利和效应，让农民有更多获得感、幸福感，让“三农”有可持续发展支撑，让农村真正成为“希望的田野”。

总之，田园综合体将推动农业发展方式、农民增收方式、农村生活方式、乡村治理方式的深刻变化，实现新型城镇化、城乡一体化、农业现代化更高水平的良性互动，奏响“三农”发展全面转型、乡村全面振兴的“田园交响曲”！

二、田园综合体的内涵及特点

田园综合体是集现代农业、休闲旅游、田园社区为一体的乡村综合发展模式，是通过旅游助力农业发展、促进“三产”融合的一种可持续性模式。

田园综合体从概念上来说，就是跨产业、多功能的综合规划；从具体项目来说，就是多功能、多业态搭建业务结构的综合运营。综合体是突破原有惯常用途的，在思想上就要突破惯常思维。这种突破，顺应文化发展、技术进步、市场演变、制度革新，结合供给侧改革探索，激发原来受局限的资产和资源效力，形成乡村社会产业发展的广阔空间。其中的资产包括农村土地、房屋资产等。

特征1：田园综合体是一个以农民参与和受益为核心的平台。

乡村发展最重要的目标就是让农民受益，进而改变或影响城乡二元结构，缩小城乡差距。与此同时，乡村的发展也必须要有农民的参与，只有农民广泛参与，乡村的发展才能真正满足农民的利益诉求。因此，田园综合体以农民参与和受益为核心。

特征2：田园综合体是一个以农民合作社为主要载体的平台。

农民是许多个体的统称。在乡村发展中涉及许多农民，想要将农民组织起来，使农民的利益、诉求协调一致，需要以农民合作社为工具，集合农民的力量，代表农民的利益，开展田园综合体的建设。这也符合了特征1以农民参与和受益为核心的特点。

特征3：田园综合体是一个以农业生产为基础、多种资源综合利用的平台。

田园综合体通过利用乡村资源，促进乡村发展。乡村最突出也最广泛的资源就是农业生产。农业生产是乡村的“本职工作”，是乡村的根本，是乡村区别于城镇与旅游景区的重要特征，因此农业是乡村的基础。乡村在农业以外还有自然景观、田园景观、历史人文等多种资源，田园综合体在立足农业的基础上将多种资源综合利用，发挥各自效益，共同带动乡村发展。

特征4：田园综合体是一个深化改革进行综合开发的乡村发展平台。

田园综合体是顺应党中央全面深化改革要求，以综合开发为手段，对乡村地区展开供给侧改革的发展平台。原本的乡村产权固化，金融政策难以进入，乡村发展难以获得资金、技术、政策等方面的有效支持。

田园综合体就是要进行供给侧改革，结合产权制度改革，引入企业与地方合作，利用资金、技术、政策等优势，促进乡村发展。

总体而言，田园综合体就是以农民参与和受益为核心，以农民合作社为主要载体，以农业生产为基础多种资源综合利用，深化改革进行综合开发的乡村发展平台。

从田园综合体的特征可以看出，田园综合体不同于以往的“传统村落”“美丽宜居村落”“乡村旅游村落”等乡村发展政策。

田园综合体是一个平台，将乡村的土地资源与企业的科技、金融资源结合起来的一种组织方式。因此，想要充分发挥田园综合体的作用，需要构建合理的组织方式，明确组织主体与其承担的职能与作用。

三、田园综合体申报试点立项条件

1. 功能定位准确

围绕有基础、有优势、有特色、有规模、有潜力的乡村和产业，按照农田田园化、产业融合化、城乡一体化的发展路径，以自然村落、特色片区为开发单元，全域统筹开发，全面完善基础设施。突出农业为基础的产业融合、辐射带动等主体功能，具备循环农业、创意农业、农事体验一体化发展的基础和前景。明确农村集体组织在建设田园综合体中的功能定位，充分发挥其在开发集体资源、发展集体经济、服务集体成员等方面的作用。

2. 基础条件较优

区域范围内农业基础设施较为完备，农村特色优势产业基础较好，区位条件优越，核心区集中连片，发展潜力较大；已自筹资金投入较大且有持续投入能力，建设规划能积极引入先进生产要素和社会资本，发展思路清晰；农民合作组织比较健全，规模经营显著，龙头企业带动力强，与村集体组织、农民及农民合作社建立了比较密切的利益联结机制。

3. 生态环境友好

能落实绿色发展理念，保留青山绿水，积极推进山水田林湖整体保护、综合治理，践行看得见山、望得到水、记得住乡愁的生产生活方式。农业清洁生产基础较好，农业环境突出问题得到有效治理。

4. 政策措施有力

地方政府积极性高，在用地保障、财政扶持、金融服务、科技创新应用、人才支撑等方面有明确举措，水、电、路、网络等基础设施完备。建设主体清晰，管理方式创新，搭建了政府引导、市场主导的建设格局。积极在田园综合体建设用地保障机制等方面做出探索，为产业发展和田园综合体建设提供条件。

5. 投融资机制明确

积极创新财政投入使用方式，探索推广政府和社会资本合作，综合考虑运用先建后补、贴息、以奖代补、担保补贴、风险补偿金等，撬动金融和社会资本投向田园综合体建设。鼓励各类金融机构加大金融支持田园综合体建设力度，积极统筹各渠道支农资金支持田园综合体建设。严控政府债务风险和村级组织债务风险，不新增债务负担。

6. 带动作用显著

以农村集体组织、农民合作社为主要载体，组织引导农民参与建设管理，保障原住农民的参与权和受益权，实现田园综合体的共建共享。通过构建股份合作、财政资金股权量化等模式，创新农民利益共享机制，让农民分享产业增值收益。

7. 运行管理顺畅

根据当地主导产业规划和新型经营主体发展培育水平，因地制宜探索田园综合体的建设模式和运营管理模式。村集体组织、合作组织、龙头企业等共同参与建设田园综合体，盘活存量资源，调动各方积极性，通过创新机制激发田园综合体建设和运行内生动力。

四、田园综合体建设开发模式

（一）田园农业旅游模式

该模式以农村田园景观、农业生产活动和特色农产品为休闲吸引物，开发农业游、林果游、花卉游、渔业游、牧业游等不同特色的主题休闲活动，满足游客体验农业、回归自然的心理需求。

其中，田园农业游以大田农业为重点，开发欣赏田园风光、观看农业生产活动、品尝和购置绿色食品、学习农业技术知识等旅游活动，以达到了解和体验农业的目的。如上海孙桥现代农业观光园、北京顺义“三高”农业观光园。园林观光游以果林和园林为重点，开发采摘、观景、赏花、踏青、购置果品等旅游活动，让游客观看绿色景观，亲近美好自然。如四川泸州张坝桂园林。农业科技游以现代农业科技园区为重点，开发观看园区高新农业技术和品种、温室大棚内设施农业和生态农业，使游客增长现代农业知识。如北京小汤山现代农业科技园。务农体验游通过参加农业生产活动，与农民同吃、同住、同劳动，让游客接触实际的农业生产、农耕文化和特殊的乡土气息。如广东高要广新农业生态园。

该模式目前是田园综合体的最主要建设模式之一，也是田园综合体核心精神的体现。即围绕具有区域优势、地方特色等条件的农业产业为主导，以产业链条为核心，从农产品生产、加工、销售、经营、开发等环节入手，推进集约化、标准化和规模化生产，打造优势特色农业产业园，着力发展优势特色主导产业带和重点生产区域，培育发展一批与农民建立紧密利益联结机制的新型农业经营主体，提高现代农业生产的示范引导效应，并以此为基础，带动形成以农业为核心的田园生产、综合体开发模式。

1. 浙江省绍兴市漓渚镇花香漓渚田园综合体

项目概况。花香漓渚项目核心区包括棠棣村、棠一村、棠二村、六峰村、红星村和九板桥村等6个行政村，总面积16.7平方千米。

项目理念。按照政府引导、市场主体、农民受益的总体要求，花香漓渚以农业综合开发为平台，进一步加快土地流转进度，调整种植结构、提升花木档次，积极推进花市提档升级，引进一批优质农文旅类项目，补足现有花木产业集群发展相对滞后、村级集体经济相对薄弱、土地资源要素约束凸显等短板。通过3年努力，建成以高端花木农业为主导产业，集循环农业、创意农业、农事体验于一体的田园综合体，打响花木集群看漓渚、高端兰花看漓渚、全域美丽看漓渚三张金名片，在“三产”融合上走出新路子，将花香漓渚田园综合体打造成全国田园综合体建设的样本。漓渚现有6个花卉专业村，250多家花卉企业，花木基地2 600公顷，拥有绿化苗木、名优兰花等八大系列2 900个品种。近年来，该镇积极开发精品花木基地、举办兰花节等节庆活动，形成了镇内苗木种植与外出苗木销售、绿化工程承包的产业联动，还吸引了大量游客观光休闲旅游。

案例分析。花香漓渚田园综合体依托当地主打的苗木花卉产业，融合特色村落、传统文化开展积极探索，苗木种植与外出苗木销售、绿化工程承包的产业联动，这注定是一个与花为伴的“风流”之处，也是田园综合体雏形初具的所在。

图2-1 花香漓渚田园综合体

2. 四川省成都市都江堰田园综合体

项目概况。项目区地处岷江冲积平原，围绕“四园、三区、一中心”功能布局。“四园”即红心猕猴桃出口示范园、优质粮油（渔）综合种养示范园、绿色蔬菜示范园、多彩玫瑰双创示范园，“三区”即灌区农耕文化体验区、农产品加工物流区、川西林盘康养区，“一中心”即综合服务中心，将田园综合体建设成美丽乡村展示区、都市现代农业示范区、农业农村改革先行区和绿色农业典范区。

项目区是成都平原水系最为发达、农业生产条件最佳的都江堰精华灌区，经济区位优势明显，基础设施条件较好。包括胥家镇和天马镇直属的13个社区，人口5.8万，面积36平方千米，其中耕地2 200公顷、林地140公顷。

产业体系。发展“农业+”新业态：农业为主，打造2 100公顷适度超前、综合配套的高标准农田，围绕猕猴桃、蔬菜、粮油、花卉优势特色产业布局，打造3～5个特色农产品品牌，建设产业集群。“三产”融合：利用“基础＋资源点”禀赋，重塑产业生态圈。打造1个功能服务区、1个滨水观光带和1个游步道观光浏览带及中国、英国、法国、意大利、比利时、日本不同国度造园艺术风格的6个玫瑰花主题观光园，做强花卉产业集群，重塑产业生态圈。

图2－2　都江堰田园综合体

经营机制。政府＋农民＋农村集体组织＋合作组织＋企业：对项目区内133个集体经济组织进行股份化改造，农民以土地承包经营权入股，组建农村集体经济股份合作社，让农民除了获得土地租金和务工收入外，还能享有股份分红收益，共享田园综合体发展成果。

案例分析。都江堰以深厚的水文化、道文化、农耕文化为支撑，依托都江堰突出的旅游资源优势和生态环境优势，政府搭台、市场化运作，围绕“村庄美、产业兴、农民富、环境优”的总体目标，把项目区建成多彩乡韵的展示区、产业融合的示范区、农村改革的先行区、绿色农业的典范区，在全省发挥田园综合体示范引领作用。

3. 重庆市忠县三峡橘乡田园综合体

忠县三峡橘乡田园综合体，凭借柑橘特色产业支撑、核心引领等因素，成为首批国家级试点项目之一。

项目概况。三峡橘乡位于忠县东部，长江北岸，离忠县县城18千米，距国家级4A级景区石宝寨10千米。它是长江边的一个大型孤岛，也是现代著名作家、革命家、书法家马识途先生的故里。忠县三峡橘乡田园综合体试点项目以“中国橘城·三峡橘乡·田园梦乡”为定位，高举柑橘全产业链大旗，走柑橘产业经济循环发展之路。以生态文明、绿色发展、多业融合、城乡共生为理念引领，建设集生产、产业、经营、生态、服务、运行六大体系为一体的“生态旅游+高科技柑橘园”特色旅游景点。三峡橘乡田园综合体中国柑橘城旅游区项目选址忠县新立镇，总规划面积2平方千米，核心区面积约0.2平方千米。

经营机制。忠县构建了“从一粒种子到一杯橙汁”的柑橘产业链，园区采取“公司+专业合作社+基地+农户”四位一体的模式，实行统一划片建园，统一灌溉施肥，统一防病治虫，统一技术培训，统一销售服务“五统一”的管理，技术含量高，是标准化、现代化的柑橘基地果园。

加强品种研发、品种改良和新品种推广，因地制宜发展优质蔬菜、中药材、

图2-3　三峡橘乡田园综合体

调味品、茶叶、木本油料等生态型特色产业，推动适度规模经营，实现一乡一业、一村一品、一户一特。推广稻－渔、猪－沼－果、林－药－菌、橘园鸡、农户庭院等种养结合循环型高效农业模式。

忠县坚持链条抓“长”，推动“农业＋”，进一步延长产业链、提升价值链、丰富产品链、完善利益链，推进产前产中产后社会化服务、产加销贸工农旅一体化发展。推进农业定制化、生产智能化、交易电商化、物流便捷化。推进农文旅融合发展，发展文化创意、健康养生、农耕体验、乡村旅游等“美丽经济”。

4. 云南省保山市隆阳区田园综合体

项目概况。保山市隆阳区强力推进万亩生态观光农业园，引领区域传统农业向生态观光农业、休闲农业转型，形成四季有景、色彩缤纷的农业观光画卷，打造集农业观光、休闲娱乐、传统文化展示于一体的生态观光农业园。涉及隆阳区河图街道、金鸡乡2个乡镇（街道）、11个村（社区），概算总投资41亿元。围绕万亩生态观光农业园功能定位，以菜、花、果为生产核心，着力打造“滇西花篮·锦苑·花千谷”“滇西果篮·万家欢·果山”“滇西菜篮·晨农·馋滇菜”的“云花、云果、云菜”三大名片。

图2-4　隆阳区田园综合体

规划定位。包含“五区一村落”（花卉产业区、水果产业区、蔬菜产业区、华大智慧农业科技示范区、优质粮食生产区，12个田园特色村庄）于一体的田园综合体，将农业生产与乡村旅游、文化创意、康体养生、科普教育深度融合，实现一二三产业融合发展，农业文化旅游整体推进。

案例分析。充分发挥龙头企业、农民合作社等市场主体在产业发展和实体运营中的作用，积极引导项目区基层党组织牵头成立农村公共服务合作社，将农民组织起来参与田园综合体产业发展和农村公共基础设施运营管护，确保农民长期受益和财政资金长期发挥效益。

5. 山东省威海市临港区麓原果乡田园综合体

项目概况。威海市临港区汪疃镇政府以及山东樱聚缘、首农集团等龙头企业合力打造的威海市麓原果乡田园综合体，经过前期立项和层层评审，成功入选山东省2018年农业综合开发支持田园综合体建设试点项目，也是威海市唯一入选的项目。

亚太生态经济研究院作为国内田园综合体模式研究先驱者和实践者，获邀主导该项目的顶层设计和落地建设。在迅速展开深度调研、课题研究、方案设计等一系列工作之后，专项小组以威海苹果全产业链为核心，通过产业升级、资源盘活、文化传承和社区带动四大维度，构建现代农业产业、乡村休闲旅游、田园绿色社区三大功能体系，提出“构造苹果全产业链综合发展基地”的战略发展目标，全面打造中国乡村振兴战略的威海样板、首农特色食品的综合服务基地以及山东省农业新旧动能转换的发展标杆。

在麓原果乡项目中，苹果全产业链的发展升级是灵魂所在。亚太生态经济研究院量身设计了以生产种养、产品加工、仓储物流和消费终端四大模块的基础产业端为基础，以技术研发为可持续性技术导入、金融服务为资本保障、农旅为多元业态融合开发、数据溯源等大数据应用为支持的产业联合体。同时，深度构建苹果产业生态闭环合作模式，从产业产品、项目运营、内部孵化、渠道实施、营销服务等层面全方位支持、保障产业链各环节标准化流程的实施。

项目规划。按照“一廊一带、两轴四区”的发展框架构建威海临港区麓原果乡田园综合体。一廊：依托南北向苹果苗木、果树种植、加工物流体系以及主题文化休闲游憩业态，建设苹果全产业链发展走廊。一带：依托汪羊线美丽乡村基础及历史民俗文化，打造环境优美、配套完善、特色突出、生活舒适的慢享生活田园社区带。两轴：依托S201农耕文化科普业态，打造特色农旅科普教育轴；依托新初张路农旅采摘园升级改造，打造现代农业产业服务轴。四区：苹果全产业链示范基地、悠游田园文旅度假区、现代农业产业展示区、生产生活综合服务区。威海临港区麓原果乡田园综合体结合创意农业、休闲农业、循环农业等发展模式，将推进农业产业与旅游、教育、文化、康养等产业的深度融合，成为融产业、科技、文化、农旅、生活于一体的综合试点。

（二）民俗风情旅游模式

该模式以农村风土人情、民俗文化为旅游吸引物，充分突出农耕文化、乡土文化和民俗文化特色，开发农耕展示、民间技艺、时令民俗、节庆活动、民间歌舞等旅游活动，增加乡村旅游的文化内涵。

其中，农耕文化游利用农耕技艺、农耕用具、农耕节气、农产品加工活动等，开展农业文化旅游。如新疆吐鲁番坎儿井民俗园。民俗文化游利用居住民俗、服饰民俗、饮食民俗、礼仪民俗、节令民俗、游艺民俗等，开展民俗文化游。如山东日照任家台民俗村。乡土文化游利用民俗歌舞、民间技艺、民间戏剧、民间表演等，开展乡土文化游。如湖南怀化荆坪古文化村。民族文化游利用民族风俗、民族习惯、民族村落、民族歌舞、民族节日、民族宗教等，开展民族文化游。如西藏拉萨娘热民俗风情园。

1. 山东省枣庄市滕州市鲁班小镇田园综合体

鲁班小镇农业旅游田园综合体项目是滕州市2017年度重点项目，在滕州高铁新区建设中具有重大战略意义。

项目概况。项目总投资2.1亿元，占地160公顷。以发展现代农业和传播鲁班文化为主线，充分利用高铁新区区位优势，规划建设鲁班文化区、民俗体验区、特色种植区、健康养生区、休闲娱乐区、农事体验区、蔬果采摘区、设施农业区、智慧农业区和生态养殖区等特色街区，全力打造集农业观光、采摘休闲、健康养生、文化旅游为一体的现代农业田园综合体。

项目特点。项目建成后可实现年收入2亿元，地方税收800余万元，提供就业岗位700余个，带动相关产业就业人员2 000余人，将为农民创业增收、大学生就业等提供良好平台，也将全面推进现代农业及特色小镇建设进程。

该项目主要突出以下三个特点：一是变废为宝。主场区磨坑村是该镇土质结构最差的区域，30厘米以下全部是风化沙，无水浇条件，农户靠天吃饭，收入不稳定。该项目引入后，按照每公顷1.35万元的标准进行流转，进行现代农业综合体建设，项目建成后有效解决了农民增收问题，同时也带动了周边经济发展，给群众提供更多就业机会，带动农村振兴。二是提升现代农业发展水平。该镇农业发展整体受地理位置、土质结构等限制，现代农业发展规模相对较小。鲁班小镇现代农业休闲观光项目充分结合高铁新区总体规划，以发展现代农业为主线，规划建设了特色种植区、果蔬采摘区、设施农业区、生态养殖区等特色街区，利用现代技术培育、发展现代农业，大幅提升了该镇现代农业发展水平。三是彰显文化特色。鲁班小镇现代农业休闲观光项目以弘扬鲁班文化为线索，园内规划设计了鲁班文化区、民俗体验区、休闲娱乐区等传统文化街区，让游客在感受现代农业先进性的同时，深刻回味传统文化的魅力，寓教于乐，带动文化振兴。

图2-5　滕州鲁班小镇田园综合体

（三）农家乐旅游模式

该模式农民利用自家庭院、自己生产的农产品及周围的田园风光、自然景点，以低廉的价格吸引游客前来吃、住、玩、游、娱、购等旅游活动。

其中，农业观光农家乐利用田园农业生产及农家生活等，吸引游客前来观光、休闲和体验。如四川成都龙泉驿红砂村农家乐、湖南益阳花乡农家乐。民俗文化农家乐利用当地民俗文化，吸引游客前来观赏、娱乐、休闲。如贵州郎德上塞的民俗风情农家乐。民居型农家乐利用当地古村落和民居住宅，吸引游客前来观光旅游。如广西阳朔特色民居农家乐。休闲娱乐农家乐以优美的环境、齐全的设施、舒适的服务，为游客提供吃、住、玩等旅游活动。如四川成都郫县农科村农家乐。食宿接待农家乐以舒适、卫生、安全的居住环境和可口的特色食品，吸引游客前来休闲旅游。如江西景德镇的农家旅馆、四川成都乡林酒店。农事参与农家乐以农业生产活动和农业工艺技术，吸引游客前来休闲旅游。

1. 浙江省湖州市安吉“田园鲁家”田园综合体

项目概况。安吉县递铺街道“田园鲁家”综合体项目成功列入国务院综改办田园综合体试点，旨在建成集家庭农场、高端民宿、乡村旅游相结合，集生产、生活和生态功能于一体的美丽乡村田园综合体示范区。

图2-6　安吉“田园鲁家”田园综合体

项目理念。“田园鲁家”以鲁家为核心，辐射、带动周边3个村，构筑“1+3”格局，规划范围55.78平方千米，核心功能板块划分为“一廊三区”：“一廊”即鲁家的竹海走廊，打造最美自驾车风景路，总长7.5千米，发挥各村联动互助的交通优势。“三区”有“溪上田园”绿色生态农业示范区，该示范区为核心先导区，主要为家庭农场集聚区，涉及家庭农场、房车营地、观光火车、飘香农田等多个经营业态；“岭上家园”创意农村休闲度假区；“云上家园”生态农林乡居体验区。

案例分析。田园综合体充分利用丘陵地带错落有致的地形地貌优势，打造一流的环境。规划设计凸显鲁家的田园特色，体现土地节约集约利用的特点，打造项目亮点，突出精准、精彩的设计理念。业态布局坚持多元化理念，做强业态，错位竞争。发展模式坚持一二三产融合发展，将鲁家的资源优势转化为生产力，农旅结合、文旅结合。

（四）村落乡镇旅游模式

该模式以古村镇宅院建筑和新农村格局为旅游吸引物，开发观光旅游。其中，古民居和古宅院游大多数是利用明、清两代村镇建筑来发展观光旅游。如山西王家大院和乔家大院、福建闽南土楼。民族村寨游利用民族特色的村寨发展观光旅游。如云南瑞丽傣族自然村、红河哈尼族民俗村。古镇建筑游利用古镇房屋建筑、民居、街道、店铺、古寺庙、园林来发展观光旅游。如山西平遥、云南丽江、浙江南浔、安徽徽州镇。新村风貌游利用现代农村建筑、民居庭院、街道格局、村庄绿化、工农企业来发展观光旅游。如北京韩村河、江苏华西村、河南南街村。

1. 山东省东营市利津县北宋田园综合体

利津县北宋镇围绕“大美北宋”建设目标，大力推进观光体验、休闲度假旅游产品建设。“金河滩”田园综合体通过省级试点批复，山东养生天下中草药种植基地、黄河畔佟家传统村落保护开发项目顺利推进。先后获评山东省乡村振兴“十千百”工程示范镇、山东省田园综合体示范乡镇、全省第五批美丽宜居小镇、山东省首批电商小镇、山东省第七批特色产业镇称号。

项目概况。北宋镇依托资源优势，推动农业与旅游、文化等产业的融合。以创建全国文明镇和山东省赵庆民间文化艺术之乡为抓手，依托位于黄河滩区、田园风光、乡土文化等资源优势，利用“互联网 +”“旅游 +”“生态 +”“文化 +”等模式，大力发展创意农业、农耕体验、休闲采摘、旅游观光，推进农业与旅游、文化等产业的深度融合，辐射带动农民增收，取得了良好的经济效益。

2. 四川省眉山市丹棱县幸福古村

项目概况。丹棱县幸福村以果林和茶林种植为主，生态资源丰富。每年3～4月，村庄油菜花、李花、桃花次第开放，其原生态场景与陶渊明所著《桃花源记》相似度极高，被称为最受文艺青年喜爱的村落。通过引入社会资本，综合利用古树、古桥、古民居、古道、古梯田，将偏僻的乡村民居升级改造为田园意境的休闲民宿，由锦江饭店集团派出管理团队入村管理，并依托当地资源条件发展葡萄、柑橘等特色产业，打造“农耕文明的活标本”。

图2–7　丹棱县幸福古村

（五）休闲度假旅游模式

该模式依托自然优美的乡野风景、舒适怡人的清新气候、独特的地热温泉、环保生态的绿色空间，结合周围的田园景观和民俗文化，兴建一些休闲、娱乐设施，为游客提供休憩、度假、娱乐、餐饮、健身等服务。

其中，休闲度假村以山水、森林、温泉为依托，以齐全、高档的设施和优质的服务，为游客提供休闲、度假旅游。如广东梅州雁南飞茶田度假村。休闲农庄以优越的自然环境、独特的田园景观、丰富的农业产品、优惠的餐饮和住宿，为游客提供休闲、观光旅游。如湖北武汉谦森岛庄园。乡村酒店以餐饮、住宿为主，配合周围自然景观和人文景观，为游客提供休闲旅游。如四川郫县友爱镇农科村乡村酒店。

1. 福建省武夷山市五夫镇田园综合体

项目概况。五夫镇位于武夷山市东南部，镇域面积175.75平方千米。距离武夷山国家旅游度假区、国家风景名胜区45千米，距武夷山市区61千米。

武夷山市五夫镇在福建省7个参与的市县中脱颖而出，成为首个国家级示范点，目标是围绕农业增效、农民增收、农村增绿，支持有条件的乡村加强基础设施、产业支撑、公共服务、环境风貌建设，实现农村生产生活生态“三生同步”、一二三产业“三产融合”、农业文化旅游“三位一体”，建成集循环农业、创意农业、农事体验于一体的田园综合体。

图2-8　五夫镇田园综合体

案例分析。全面高标准建设观赏型、生态型、记忆型农业；全面提升完善农产品生产、销售等仓储、物流网络项目建设；全面提高农业科技、特色农业种植水平；创新建设农民技术培训机制；全面增强村集体经济活力，打造“清新福建”“美丽武夷”“悠闲五夫”，最终建成集循环农业、创意农业、农事体验于一体的国家级田园综合体。

2. 四川省成都市多利村庄乡村田园综合体

区位优势。优质的生态资源禀赋在成都近郊中极具竞争力，具有集优质有机蔬菜种植、美丽乡村建设、国家级乡村旅游示范区打造为一体的潜力和优势。成都多利农庄围绕打造国际乡村旅游度假目的地，在郫都区红光镇、三道堰镇等6村连片规划建设多利有机小镇。

核心理念。产村相融、三产互动、城乡统筹。打造集农业休闲康养于一体、生产生活生态相融合、六次产业全链条增值的乡村田园综合体和宜业宜游宜居的都市有机农业小镇，形成产村相融、三产互动、城乡统筹的综合示范效应。成都多利农庄项目实施中，利用农村集体经营性建设用地“入市改革”试点，并确保了“5个合法”即项目合法、用地合法、规划合法、程序合法、物业合法；实现了利益共享，包括土地整理项目收益和农民股东利益分配。

图2-9　多利村庄乡村田园综合体

案例分析。LUX 度假酒店引入乡村，带动休闲农业与乡村旅游转型升级。在多利农庄的核心群，有机种植田地围绕着的一片乡村酒店格外引人注目，这是由全球著名的法国 IUX 酒店管理集团运营的乡村酒店，也是引领郫都区乡村旅游转型升级的重大项目。开设都市农业双创示范基地，国家级有机农业专家担当导师。多利农庄联合中国农业科学院、四川农业大学和上海有机蔬菜工程技术研究中心组建都市农业科创中心，采取“成果转让 + 创新导师 + 孵化基地 + 服务平台”模式，开展农业高新科技成果孵化、新技术新品种示范和有机蔬菜行业标准研究，并为入驻园区内的农业创客、合作社提供技术辅导和支撑。

3. 山东省济宁市泗水县圣水峪田园综合体

项目概况。泗水县圣水峪镇田园综合体项目规划面积 1 800 公顷，集中连片发展高标准农田建设创新经营体系，通过“公司 + 合作社 + 农户”模式，发展适度规模经营，集聚对玫瑰、薰衣草等芳香植物和花生、甘薯、桃等林果产业技术开展研发，从标准化育苗、规模化推广、产品加工销售、观光旅游副产品开发等环节入手，打造完整的农旅一体化产业链，实现一二三产业融合，加快推进乡村振兴。

项目理念。圣水峪镇田园综合体项目围绕农业增效、农民增收、农村增绿的

图 2-10　泗水县圣水峪田园综合体

目标，秉持“田园生态化、居住田园化、产业融合化、农文旅一体化、寻梦乡村里”的规划理念，融合儒家文化、耕读文化等精髓，以推进农业供给侧结构性改革为主线，以山水田园的开放空间为载体，以芳香型花卉一二三产业融合发展为重点，以花生、甘薯、林果等特色优势产业融合与质量提升为支撑，以农文旅“三位一体”和土著村生态宜居民宿改造为延伸，按照核心区和示范带动区两区的空间布局结构，构建以花、海、山、水空间为载体的产业融合发展体系、生产体系、经营体系；突出产业基础、休闲特色，推进绿色发展；延长链条、突出加工与电商配送物流，推进产业融合发展；突出以农为本，坚持利益共享，推进创新管理与服务；全面构建具有“花、海、山、水”特色、产业融合、农文旅“三位一体”的田园综合体。

4. 山东省泰安市新泰市良心谷田园综合体

项目概况。现代生态农业示范园良心谷涵盖新泰市石莱镇、岳家庄乡、放城镇三镇15个村，集有机名茶种植加工、有机粮种植加工、技术研发、生态养殖、休闲旅游于一体，“三产”高度融合。良心谷按照“发展好产业、造福泰安人民”的新要求，深化旅游服务业供给侧改革实践，推进乡村振兴，发展全域旅游，牢牢坚守绿色发展理念，努力构建乡村生态体系屏障，全力以赴打造齐鲁样板，打造全国最大的有机茶基地、4A级现代农业休闲观光旅游区。

图2–11　新泰市良心谷田园综合体

良心谷齐鲁样板，贡献泰安智慧，山东榜样，山东省特色小镇、山东省田园综合体试点项目落户良心谷，极大加快和提升了产业发展。

（六）科普教育旅游模式

该模式利用农业观光园、农业科技生态园、农业产品展览馆、农业博览园或博物馆，为游客提供了解农业历史、学习农业技术、增长农业知识的旅游活动。

其中，农业科技教育基地是在农业科研基地的基础上，利用科研设施作景点，以高新农业技术为教材，向农业工作者和中、小学生进行农业技术教育，形成集农业生产、科技示范、科研教育为一体的新型科教农业园。如北京昌平区小汤山现代农业科技园、陕西杨凌全国农业科技农业观光园。观光休闲教育农业园利用当地农业园区的资源环境、现代农业设施、农业生产过程、优质农产品等，开展农业观光、参与体验、DIY 教育活动。如广东高明蔼雯教育农庄。少儿教育农业基地利用当地农业种植、畜牧、饲养、农耕文化、农业技术等，让中、小学生参与休闲农业活动，接受农业技术知识的教育。农业博览园利用当地农业技术、农业生产过程、农业产品、农业文化进行展示，让游客参观。如沈阳市农业博览园、山东寿光生态农业博览园。

1. 广西壮族自治区南宁市西乡塘区“美丽南方”田园综合体

项目概况。“美丽南方”田园综合体规划面积70平方千米，其中耕地面积4 100公顷。

核心理念。以完善农业生产、农业产业、农业经营、乡村生态、公共服务和运行管理“六大体系”为重点。

区位优势。该区域人口多，农业生产发达，文化底蕴深厚，区位优势明显且科技基础扎实。

规划现状。自治区级现代特色农业示范区3个，入驻企业60多家，吸引社会资本投入18亿元，建成了龟鳖养殖加工生产、葡萄种植及葡萄酒生产、青瓦房民俗风情古村落体验等生态农业、休闲农业、创意农业项目48个，面积530公顷。

模式借鉴。“美丽南方”田园综合体初步规划方案为：以“美丽南方”丰富的农业资源、产业基础、特色村落、传统文化为依托，以农业综合开发项目为抓手，

图2-12　西乡塘区“美丽南方”田园综合体

完善生产、产业、经营、生态、服务和运行六大功能体系，实现生产生活生态“三生同步”、一二三产业“三产融合”、农业文化旅游“三位一体”。

2. 山东省济南市莱城区山楂之恋田园综合体

项目概况。山楂之恋田园综合体村，以“小红星”为主的特色山楂品种种植产业为支撑，整合山区旅游资源和建设相应的旅游配套设施，成功申报了山东省省级田园综合体。

项目理念。该项目通过建设田园综合体，探索“接二连三、隔二连三”等融合模式，加快互联网+、大数据、云在农业生产经营中的运用，加快农业生产、生活、生态功能叠加，“依山、傍水、沿路”发展农业休闲观光旅游。因地制宜发展乡村休闲农业，推动乡村旅游转型升级，改善乡村生态环境。以嬴秦田园、香山田园、明利特色蔬菜基地以及冠世桃花源桃花节等为代表，集乡村旅游、农业观光、休闲度假、开心农场、采摘园、农家乐等形式各异的休闲农业主体达到57家。培育莲花山茶旅小镇、雪野旅游休闲小镇等特色鲜明、产业发展、绿色生态、美

图2–13　莱城区山楂之恋田园综合体

丽宜居、休闲宜游的农业产业特色小镇，推动产业园区、科技园区、创业园区“三园同建”，着力打造生产技术先进、产业形态多元、功能丰富多样、旅游要素完备、综合效益突出的现代农业综合发展平台。

项目特色。原先规划发展茶叶和山楂两个产业，但经过深入调研，决定以山楂产业为支撑，并将多而杂的山楂品种减为以“小红星”为主的特色种植，延长了山楂产业链，增加了山楂附加值。建立山楂产业园，让村民学习山楂产业的相关知识，熟悉山楂种植标准和技术操作规程，实现了山楂生产、加工、流通、销售全程标准化。多方融合，政府配合 + 企业主导 + 村民参与，实现村民创收。完全发挥市场作用，让村民在项目建设过程中，参与初期的土地流转、中期的山楂生产、后期的包装销售等，从而把村民带上致富的道路。整合山区旅游资源，建设旅游配套设施，同时也盘活了闲置村屋，开发住宿业，设计了多种拓展、山楂农事体验等农事旅游产品，实现了“三产”融合。

（七）回归自然旅游模式

该模式利用农村优美的自然景观、奇异的山水、绿色的森林、静荡的湖水，发展观山、赏景、登山、森林浴、滑雪、滑水等旅游活动，让游客感悟大自然、亲近大自然、回归大自然。

1. 山东省临沂市沂水县尹家峪田园综合体

项目概况。尹家峪田园综合体项目位于沂水县西北27千米处，处于群崮之间，马莲河、温凉河交汇并流，百处泉水或喷珠吐玉、银雾飞溅，或涓涓滴滴，或铿锵悦耳，山清水秀、生态优良，是全省首个、全国第四个有机发展示范园，连片发展有机蜜桃130公顷，注册“百桃”商标，全国首个获得中国有机产品认证、欧盟有机食品认证、美国有机合格证书三大有机认证。

项目定位。尹家峪田园综合体项目，定位为“精品、全域、生态、宜居”的国内知名田园综合体、可带动区域农村产业发展的龙头平台和百年可传世的特色精品项目，总规划面积2 000公顷。项目总体布局为“一核二区三组团”，即尹家峪田园综合体中心核、有机黄桃生产区、有机葡萄生产区和崮原溪谷有机农业休闲

图2－14　沂水县尹家峪田园综合体

度假组团、天上王城沟谷乐组团和栖云崮中医药康养及乡村教育组团。以有机农业为支撑，以融合发展为抓手，项目区内实现有机农业全覆盖，开展农产品加工等，培育创意体验、民宿度假、文创交流、崮顶观光、运动休闲、康养度假、商贸物流、民俗体验等业态，推进一二三产业深度融合发展。

2. 山东省淄博市沂源县沂河源田园综合体

项目概况。沂河源田园综合体位于沂源县鲁村镇，涉及龙子峪村等7个行政村。总占地面积2 100公顷，其中，高标准农田1 200公顷，是沂源最大的田园综合体。

项目规划。园区划分为“一路”“二核”“一水带”“七区”的创新格局。“一路”是一条贯穿田园综合体的景观大道。“二核”是项目区域的核心区龙子峪村艺术振兴乡村示范园、副核心区徐家庄深加工及物流电商创客产业园。“一水带”是项目区域徐家庄河自然水生态文明带。“七区”是项目区域“三产”深度融合的区域，包括沂河源头湿地公园、桃花岛自然文化景观区、黑松山逸居康养中心、刘家庄智慧农业产业区、姬家峪农耕文化体验区、刘家坡民俗民宿风情区、鹿角山鲁中文化体验区。

图2–15　沂源县沂河源田园综合体

（八）文化创意带动模式

该模式是以文化创意产业带动“三产”融合发展，着重地方特色文化挖掘和产业融合。即以农村一二三产业融合发展为基础，依托当地乡村民俗和特色文化，通过文化创意产业的引导，推动农旅结合和生态休闲旅游，形成产业、生态、旅游融合互动的农旅型综合体。该模式常以文化创意企业的入驻为发展动力，以特色创意为核心，开发精品民宿、创意工坊、民艺体验、艺术展览等特色文化产品，打造青年返乡创业基地以及拥有生态旅游、乡土文化旅游和农事体验功能为核心的创意型综合体。如国家试点项目中的山东“朱家林”，目前已建成并投入使用乡村生活美学馆、主题民宿一条街、再生之塔、创客中心等核心项目，吸引北京观筑、山东燕筑、水墨华清、山东智造等30多家文创机构入驻；又如四川明月国际陶艺村，依托460公顷竹笋园、200公顷茶园，发展以陶艺为核心的乡村旅游创客示范基地，吸引文化艺术类人才入驻，配套建设书院、客栈、茶吧、民宿等文化和生活服务设施。

1. 山东省临沂市沂南县朱家林田园综合体

项目概况。朱家林项目位于沂南县城西32千米的岸堤镇，规划总面积12平方千米，核心区1平方千米，辖5个行政村，8个自然村，5 158人，其中贫困人口

图2-16 沂南县朱家林田园综合体

425人。以农民专业合作社、农业创客为主体，致力建设“创意农业＋休闲旅游＋田园社区”的田园综合体，把朱家林打造成“脱贫攻坚、美丽乡村、特色小镇、新六产融合”的样板。项目包括创意核心区、创意农业区、休闲度假区、省委党校分校片区、加工仓储物流服务区等五大功能区，包括国家高标准农田开发建设的塘坝、道路等。

案例分析。朱家林田园综合体通过小流域的治理，乡村建设、产业发展做好了，立足美化环境、保护生态，生态效益十分明显。通过培育发展美学经济，建设乡建学院，留住了原有的村落格局，留住了传统的石屋风格，留住了特有的乡土味、人情味、民俗味，真正成了“绿水青山就是金山银山”的践行者。

2. 山东省济南市长清区泉城茶道田园综合体

项目概况。泉城茶道田园综合体处于济南、泰安、曲阜“一山一水一圣人”旅游胜地的交通要道，交通便利，发展区位优势明显。区域内有山水一色的南湖，蜿蜒盘伏的神龙、威龙、腾龙、居龙四大峡谷，四大古刹之首灵岩寺下院——龙居寺，流传千古的孟姜女文化——齐长城，还有小说《义和天下》里的义和庄。泉城茶道田园综合体是2018年济南市唯一一个省级田园综合体项目。项目建设总面积约1 860公顷，农业生产区建设规模900公顷，规划发展茶园400公顷、干果460公顷。

图2－17　长清区泉城茶道田园综合体

项目理念。田园综合体以茶产业为核心，结合创意农业、农事体验、循环农业等发展模式，推进农业产业与旅游、教育、文化、康养等产业深度融合。逐步实现农村“三生同步”“三产融合”“三位一体”，积极探索推进农村经济社会全面发展的新模式、新业态、新路径，逐步建成以农民合作社为主要载体、让农民充分参与和受益的田园综合体。项目达成后，可实现年产值28 560万元，安置就业2 000多人。

3. 山东省日照市东港区龙门崮田园综合体

项目概况。龙门崮田园综合体位于东港区三庄镇，主要涉及7个村庄。规划设计打造了7个片区，分别为综合服务区、田园社区、耕读研学体验区、现代农业产业示范区、乡村度假区、高标准杂粮林果产业发展区、田园康养农旅创新区。目前，特色民宿、文心学童农场、市民农庄、三庄循环农业示范基地、立体种养示范园、新东港有机农业生态园、五谷杂粮基地等一批项目正在有序落地。

项目规划。规划打造田园综合体综合服务区、龙门崮田园社区、耕读研学体验区、下卜落崮现代农业产业示范区、上下崮乡村度假区、高标准杂粮林果产业发展区、田园康养农旅创新区7个功能分区。

图2-18　东港区龙门崮田园综合体

到2020年，区域内农民纯收入达8 090.8元，增长指数约为21.6%；到2025年，农业收入达到1.34亿元。同时，通过大力发展“旅游+”等模式，推进农业与旅游、教育、文化等产业融合，这一区域将成为重要的旅游胜地、消费重地、投资宝地。预计到2025年，游客接待量达到208.4万人次/年，旅游收入达到9.4亿元。

（九）自然资源引领模式

该模式通常以区域内具备竞争优势的自然资源为前提，通过地域优势型自然资源的引领，发展度假旅游、创意农业、农事体验为核心的田园景观和休闲集聚。该模式最为接近典型旅游项目的建设，同时又对产业融合尤其是农业与旅游的融合发展给予关注。如国家试点中的山西临汾项目即以汾河湿地生态资源为核心，规划“一带一园一庄三区”；汉中市洋县“魅力龙亭”项目则通过朱鹮湿地休闲旅游为引领，逐步建成以新型农业经营为主体的田园综合体。

1. 山西省临汾市襄汾县田园综合体

项目概况。襄汾素有“棉麦之乡”的美称，自然条件优越，农业基础好，产业基础雄厚，拥有集创意农业、循环农业，农事体验等要素基础。

图2–19　襄汾县田园综合体

规划定位。该项目规划在汾河以东，北起襄汾县与尧都区交界、南至县城建成区，以燕村荷花园为核心，涉及2个乡镇9个村，面积660公顷的区域，打造具有襄汾特色的近郊创意休闲农业田园综合体，即“一带一园一庄三区”。“一带”，即汾河湿地生态带；“一园”，即文化创意产业园；“一庄”，即尧京葡萄酒庄；“三区”，即温泉休闲度假区、创意农业体验区、美丽宜居先行区。

优势分析。在这个区域实施田园综合体试点工作，主要有五大优势：一是生态环境友好，二是产业基础良好，三是市场主体成熟，四是利益联结紧密，五是政策保障有力。未来，襄汾将自加压力，借力国家好政策，以“农业为基、文化为魂、产业为径、富民为本”，全力把襄汾建设成为“望得见山、看得见水、记得住乡愁”的新型城镇化、城乡一体化的示范区、乡村旅游的新标杆。

2. 河北省唐山市迁西县“花乡果巷”田园综合体

项目概况。“花乡果巷”坐落于东莲花院乡，规划总面积4 600公顷，涉及12个行政村。以“山水田园，花乡果巷，诗画乡居”为规划定位，将区域划分为“一镇四区十园”。地处迁西、迁安、滦县、丰润四县交界处，位于环首都2小时经济圈内，处在北方著名旅游城市北京、承德、秦皇岛形成的等三角形中心位置。

核心理念。建设以特色水杂果产业为基础，以油用牡丹、猕猴桃、小杂粮产业为特色，以生态为依托、旅游为引擎、文化为支撑、富民为根本、创新为理念、市场为导向的特色鲜明、宜居宜业、惠及各方的国家级田园综合体。

图2-20　迁西县花乡果巷田园综合体

案例分析。田园综合体要坚持以农为本，以保护耕地为前提，提升农业综合生产能力。要保持农村田园风光，保护好青山绿水，实现生态可持续；要确保农民参与和受益，带动农民持续稳定增收，让农民充分分享发展成果，更有获得感。让人们从中感到农业是充满希望的现代产业，农民是令人羡慕的体面职业，农村是宜居宜业的美好家园。

3. 山东省潍坊市寒亭区东篱田园综合体

项目概况。东篱田园综合体是潍坊市2018年首个省级田园综合体，规划面积1 400公顷，其中核心区330公顷，共划分为六区两带一中心，分别是发展高效现代农业，种植优质蔬菜的设施农业生产区；变废为宝、实现生态循环的循环农业示范区；打造田园采摘，共享农场，让人们回归自然的休闲农业体验区；进行净菜加工，打造城市“中央厨房”的加工仓储物流区；以田园民宿及农家乐为主，建设农耕文化展馆，配套东篱驿站的综合服务配套区；完善教育配套，打造医护式养老的康养教育居住区；红色文化和生态旅游结合的前阙红谷·大圩河生态景观带；集田园漫步、休闲观光于一体的田园诗廊·四季东篱观光带；农业科技研发中心——现代农业科技中心。辐射区1 100公顷，高标准农田全覆盖。

图2-21　寒亭区东篱田园综合体

项目优势。一是区位优势突出。东篱田园综合体位于潍坊近郊，离中心城区10千米，潍九路、长松路、北外环路等主要公路穿越而过，北部为济青高铁，西部有潍日高速出口。建有前阙车站，开通5条公交线路，交通极为便利。二是产业特色明显。试点区域内果蔬种植占总面积88%，其中潍县萝卜、寒亭西瓜、西红柿、黄瓜、黄桃、葡萄等已成规模，依托合作社建有现代果蔬大棚，规模以上种植基地20余个，年供应果蔬2万吨。三是基层组织振兴。前阙庄村创新“红色传承、党建引领、文化育人、生态发展”基层党建模式，先后组织实施村文化大院、老年公寓、医院、前阙车站、幼儿园、社区服务中心六大幸福工程，建成了全市唯一的村史展览馆，荣获“全国文明村”“山东省先进基层党组织”“全省文化建设先进单位”等荣誉称号。四是利益联结紧密。依托项目区优势产业基础，通过党支部带领，培育壮大村集体经济、新型农业经营主体，建立起“党支部＋土地流转”“党支部＋合作社”“党支部＋村企联建”“党支部＋土地投资”和“党支部＋红色旅游”的利益联结模式，为农户提供全产业链配套服务，农民自主选择土地流转、入股分红、务工就业等方式，拓宽农民增收渠道，保障农民多环节全链条享受产业增值收益。五是资金保障有力。项目投资及实施主体资金实力雄厚，积极拓宽资金来源渠道，建立政府主导、多方参与、市场运作的多渠道、多元化投融资机制。六是政策优势叠加。东篱田园综合体位于“一区一园一谷”核心区，享受特有的政策红利，政策优势十分明显。

（十）市场需求引导模式

该模式通常根据一定区域内消费者群体的实际需求为建设重点，通过满足市场需求，实现田园综合体的聚集。通常来说，以满足消费者的旅游观光、休闲度假、农事体验等需求为核心。该模式通常位于区位交通优势明显的城郊乡村，以田园风光和生态环境为基础，为城乡居民打造一个贴近自然、品鉴天然、身心怡然的聚居地和休闲区，感受农耕文明，形成一个以田园生活、田园体验为主要特色的生活型综合体。如中国首个田园综合体无锡“田园东方”，距无锡市仅30千米，公交可达，并辐射上海、南京、苏州三个较大的客源市场群体，交通便利，自驾游当日可轻松往返。该综合体拥有阳山火山、水蜜桃等资源，集现代农业、休闲旅游、田园社区等产业为一体，打造田园休闲体验地。又如广东“岭南大地”

项目，依托广东较为成熟的客源市场和珠海优越的区位条件，以岭南文化为内核，打造乡村生态休闲旅游度假基地以及岭南乡韵、田园水乡主题的特色村庄。

1. 江苏省无锡市阳山“田园东方”田园综合体

项目概况。无锡阳山“田园东方”是无锡阳山规划打造的首个田园综合体项目，集大型生态农业、旅游休闲度假、田园生态居住于一体。“田园东方”位于无锡的阳山镇近郊区域，距离无锡市中心20千米，距离高铁站30千米，乘高铁到周边城市方便快捷，可控制在1小时之内，2小时自驾可直达长三角任何一个城市。

规划理念。以“美丽乡村”的大环境营造为背景，以“田园生活”为目标核心，将“田园东方”与阳山的发展融为一体，贯穿生态环保的理念。总面积430公顷，其中230公顷种植水蜜桃。倡导人与自然的和谐共融与可持续发展的理念，是集现代农业、休闲旅游、田园社区等产业为一体的田园综合体，实现“三生”（生产、生活、生态）、“三产”（农业、加工业、服务业）的有机结合与关联共生。

案例分析。“田园东方”项目旨在打造活化乡村、感知田园城乡生活，将生活与休闲相互融合。为了将江南农村田园风光得到原汁原味地呈现，项目选址于曾经的拾房村旧址，并按照修旧如旧的方式，选取10座老房子修缮和保护，还保留了村庄内的古井、池塘、原生树木，最大限度地保持了村庄的自然形态。在原有村落格局得到较好保留的基础上，设计又赋予了这片场地新的生命活力。

图2–22　无锡市阳山“田园东方”田园综合体

2. 广东省珠海市斗门区“岭南大地”田园综合体

项目概况。该项目位于珠海斗门生态农业园莲洲片，总投资超过20亿元，总面积11.77平方千米，以石龙村“岭南大地”生态度假区项目为核心，覆盖东湾及下栏村片区，包括正在打造国际乡村生态休闲旅游度假区的石龙村，集岭南乡韵、水乡风貌的花卉主题特色休闲村庄的东湾村，打造具有岭南特色的田园水乡、乡村养生度假基地的下栏村。

项目理念。依托山、水、田等原生态资源，该项目以岭南文化为魂，以旅游富民为本，以农耕文化、农耕体验、科普教育为核心，以二十四节气为脉络，建设宜农、宜游、宜教、宜乐、宜文、宜居、宜养、宜购为一体的岭南田园综合体。石龙村正在进行的项目还包括农业观光旅游项目岭南大地、莲花心合作社。只有在石龙村通过艺术家的眼睛感受不一样的乡村，才能明白这里发现的一切变化。

案例分析。越来越多的人把目光投向了城郊乡村，渴望在安静的田野里过上一种短期度假休闲的生活，在石龙村地理区位的优势下，这种休闲方式多了深层次的意义。乡村也具有无限的创造力，它也可能拥有都市属性，在这宽阔天地、自然田间，也有可能成为人们选择的一种全新的生活方式和社交平台。

图2-23　珠海市斗门区“岭南大地”田园综合体

第三章

美丽乡村

党的十八大报告首次提出了把生态文明建设放在突出地位，融入经济建设、政治建设、文化建设、社会建设各方面和全过程，努力建设“美丽中国”的任务和目标。美丽中国的建设重点和难点在农村。2013年中央一号文件提出要推进农村生态文明，努力建设美丽乡村。开展美丽乡村建设，是贯彻落实十八大精神、实现全面建成小康社会目标的需要；是推进生态文明建设、实现永续发展的需要；是强化农业基础、推动农业现代化的需要；是优化公共资源配置、推动城乡发展一体化的需要。国务院农村综合改革工作小组于2012年发布了《关于开展农村综合改革示范试点工作的通知》，开展以美丽乡村建设等十项主要改革重点的示范试点。2013年7月，财政部发布了《关于发挥一事一议财政补贴作用，推动美丽乡村建设试点的通知》，决定将美丽乡村建设作为一事一议财政奖补工作的主攻方向，启动美丽乡村建设试点。农业部办公厅也于2013年初发布关于开展“美丽乡村”创建活动的意见。全国各地全面拉开美丽乡村建设的序幕。

早在2014年2月24日，农业部科教司对外发布中国美丽乡村建设十大模式，为全国的美丽乡村建设提供范本和借鉴。每种美丽乡村建设模式，分别代表了某一类型乡村在各自的自然资源禀赋、社会经济发展水平、产业发展特点以及民俗文化传承等条件下建设美丽乡村的成功路径和有益启示。美丽乡村建设模式涵盖了美丽乡村建设“环境美”“生活美”“产业美”“人文美”的基本内涵，具有很强的借鉴意义，能够为中国各地美丽乡村的建设提供范本。

一、产业发展型

产业发展型美丽乡村模式主要分布在东部沿海等经济相对发达地区，特点是产业优势和特色明显，农民专业合作社、龙头企业发展基础好，产业化水平高，初步形成“一村一品”“一乡一业”，实现了农业生产聚集、农业规模经营，农业产业链条不断延伸，产业带动效果明显。

1. 江苏省张家港市南丰镇永联村

乡村概况。永联村村域面积10.5平方千米，村民11 761人（其中社员10 930人），是江苏省乡村发展最具代表的乡村之一，全国“美丽乡村”首批创建试点村，地处江南、长江之滨。永联曾被称为“华夏第一钢村”，曾是张家港市面积最小、人口最少、经济最落后的村。改革开放期间，村领导组织村民挖塘养鱼、开办企业，陆续办起了水泥预制品厂、家具厂、枕套厂等七八个小工厂以及村集体轧钢厂，收益颇丰。在村集体的共同努力下永联村完全脱贫，还跨入全县十大富裕村的行列。随着集体经济实力的壮大，永联村不断以工业反哺农业，强化农业产业化经营。2000年，村里投巨资于“富民福民工程”，成立了永联苗木公司，将全村300公顷可耕地全部流转，对土地进行集约化经营。大面积的苗木成为永钢集团的绿色防护林和村庄的“绿肺”，带来巨大的生态效益。

典型做法。加快转型升级“产业美”。村办企业永钢集团走新型工业化道路，先后投入30多亿元，加快装备改造、技术提升、产品提档升级。整合粮食基地、农业公司成立了永联米业有限公司，实现了由生产型结构，向集生产、加工、服务为一体的综合型经营、服务实体公司转变。发展乡村旅游，对农耕园进行了扩建，开发了水上世界、卡丁车等30多项娱乐项目；每年举办江鲜美食节、新年灯会等，有效拉动了全村服务业发展。着眼城乡一体“生活美”。以城乡一体化为阶段目标，加快新型城镇化建设。完善城镇化基础设施，加强“智慧永联“建设，全村实现“家家有电脑，户户能上网，人人一卡通，全村一网通”；建成了全国首个村级公共自行车系统，并与南丰镇系统实现通借通还；建设了全国首家村级24小时自助图书馆，方便村民阅读；在全国农村率先使用上了天然气，家家户户告别了煤气瓶。稳步提升村民生活水平。通过劳务公司强化劳务派遣服务，除重病和重度伤残村民之外，没有赋闲在家的村民。深化社会治理创新。在实现公共管理和公共服务城乡均等化、居民自治的基础上，积极推进由村委会治理向经济合作社治理模式转变。全村形成了“党建引领、五位一体、区域协同、依法治理”的新型社会治理模式，适应了城乡一体化发展。注重文明建设“心灵美”。将社会文明建设放在突出位置，成立永联社会文明推进联合会，统筹协调推进全村社会文明建设，为全面提升村民文明素养提供了组织保障。完善文明家庭奖，改变以往“只罚不奖”的考核方式，对自主创业、敬业奉献、孝老爱亲、互帮互助、慈善公益、勤学优学等6个方面，加强正向激励，引导大家积极践行社会主义核心价值观。加强生态建设“生态美”。坚持可持续发展，积极推进生态文明建设，实现人与自然和谐发展。推进工业区与生活区分离，注重节能减排，不断美化村庄环境。

2. 山东省济宁市邹城市钢山街道后八村

乡村概况。从前的后八村原有村民480户，1 700人，经济发展滞后，村里没有一条像样的路，垃圾遍地，泥泞不堪，土坯房占全村1/3，村民生活贫困、人心涣散。2004年底，新的村两委班子上任，从加强村干部素质、增强村干部责任心、提升村干部形象着手，逐步理清工作思路，确立发展目标。每年后八村都会组织村干部、党员、村民代表外出参观学习，同时开办了村干部强学班，赴全国先进农村解放思想、学习经验，掀起了人人干事创业的热潮。

典型做法。打开了发展的思路，就要找准促进发展的好门路。2008年，后八

图3－1　邹城市钢山街道后八村

村投资2亿元建设面积为15万平方米的后八新村，楼房全部进行简装修，免费为村民赠送常用家电、家具，当年全村免费搬迁入住。抓经济，上项目，要形成组团式发展新模式。几年来，后八村先后成立了7个经济实体，各业总积累固定资产逾20亿元，安置村民800多人上岗就业，村民变股民，年年有分红，逐步走向了集团化发展道路。成立“红白理事会”“道德帮教组”“打歪风、扬正气文艺队”，创办村报，家家悬挂《宋氏祖训》，户户安装学习小广播，每个单元口设置《后八村丑善评议榜》，将村内好人好事、坏人坏事向全体村民公示。

3. 山东省济南市槐荫区匡山街道匡山村

乡村概况。改革开放前的匡山村是一个有623户、3 035人的农业大村，全村以农业为主业，村集体经济非常薄弱。1978年12月后，匡山村开始大力兴办村集体企业，并取得了可喜的经济效益。40年来，匡山村充分发挥地域和交通优势，大力发展集体经济，开拓思路，不断创新村集体经济管理运营模式，村集体产业历经3次腾飞，取得了令人瞩目的发展成果，村民生活也发生巨大变化。

在匡山村已有的21家企业中，不乏占地面积大、附加值低、经营不景气的高耗能产业，村民大多处于无业状态，村内局面难言稳定。2004年前后，村“两委”主动关停亏损企业，拆分老旧企业，改建了匡山汽车大世界、热力中心等有潜力

图3-2　槐荫区匡山街道匡山村

的骨干企业，并新建了加油站、山东匡山农产品综合交易市场等新型产业。随着这些产业的发展扩建，匡山村迎来了自强发展的第二次腾飞。匡山村以第三产业为主力抓手，结合匡山村地域及交通优势的精准转型，在保证新产业高起点建设的同时，维持并提高了农产品综合交易批发市场、汽车大世界、钢材市场等现有业务的优势地位和市场竞争力。村产业布局更加合理，产业结构不断优化，原本第一、二、三产平庸的发展状态正逐步被打破。

二、生态保护型

生态保护型美丽乡村模式主要分布在生态优美、环境污染少的地区，其特点是自然条件优越，水资源和森林资源丰富，具有传统的田园风光和乡村特色，生态环境优势明显，把生态环境优势变为经济优势的潜力大，适宜发展生态旅游。

1. 浙江省安吉县山川乡高家堂村

乡村概况。高家堂村面积7平方千米，其中山林面积650公顷，水田面积26公顷，是一个竹林资源丰富、自然环境保护良好的浙北山区村。高家堂村将自然生态与美丽乡村完美结合，围绕“生态立村—生态经济村”这一核心，在保护生态环境的基础上，充分利用环境优势，把生态环境优势转变为经济优势。从1998年开始，对200公顷的山林实施封山育林，禁止砍伐。2003年修建了环境水库——仙龙湖，对生态公益林水源涵养起到了很大的作用，还配套建设了休闲健身公园、观景亭、生态文化长廊等。搞好竹产品开发，如将竹材应用到住宅的建筑和装修中，开发竹围廊、竹地板、竹栏栅等产品，取得了一定的效益。

典型做法。一是科学规划，合理布局。高家堂村以休闲经济发展为主线，注重经济发展规划先行，聘请有关专家总体策划，把村现有产业通过节点串联，形成了“一园一谷一湖一街一中心”的村休闲产业带。农户房屋立面改造及庭院改造，突出“浪漫”主题，结合村庄整体建设，融入山水风情。二是生态产业，特色明显。高家堂村始终把创建作为加快经济发展、带动村民致富的落脚点。根据当地实际，突出发展林业产业和生态休闲产业。建设高效毛竹林现代园区和世界银行毛竹林阔叶林树套种项目，成立竹笋专业合作社，流转全村毛竹林，从零散销售到规模经营，为广大农户拓展了创收渠道。2011年高家堂村成立旅游公司，作为乡村经营主体对外运营，同时海博休闲山庄项目等的建成，使高家堂村休闲产业不断发展。近年来游客接待率不断上升，走上了一条集休闲、度假、观光、娱乐为一体的村庄经营可持续发展之路。三是乡风文明，村容整洁。全村积极保护生态环境，保持生态原貌与建设的融合。垃圾实行户收集后分类管理，进一步提升环境质量。村女子腰鼓队、球操队等文化队伍经常性开展群众性文化娱乐活动，村民还自主学习舞蹈，每天傍晚自发进行如排舞等活动，活跃了山村业余文化生活。

图3-3　安吉县山川乡高家堂村

2. 山东省青岛市黄岛区琅琊管区王家台后村

乡村概况。王家台后村位于青岛市黄岛区琅琊台省级旅游度假区南部，东临龙湾，南靠千古名胜琅琊台，海岸线长2.7千米，地理位置独特。随着渔家宴旅游接待设施的改造提升，旅游接待能力、旅游服务水平得到全面提高，形成以传统渔家风情为特色，以餐饮、住宿、观光、赶海和渔家体验为主要内容的特色旅游产业。渔家旅游服务项目涉及餐饮、住宿、海上观光、垂钓、拉网、海鲜烧烤、沙滩排球、篝火晚会等，游客参与热情极高。全国各地的游客纷纷慕名而至，吃住在渔家，随渔民出海体验一把渔夫的感觉，流连于龙湾与琅琊台，嬉戏于大海沙滩。王家台后村自2016年被评为青岛市最美乡村以来，以文明创建为抓手，大力推进精神文明建设和环境整治工作，助推美丽乡村建设。

典型做法。夯基础、换新颜，实施形象提升。王家台后村不断完善基础设施，使村庄成为“让人随处都想驻足观赏”的景区。投资3 000多万元进行龙湾景区提升工程，建设步行街、游客服务中心、龙湾公园、瞭望塔、冲澡房等。围绕道路硬化、主干道绿化、路灯亮化等重点项目，投资600多万元，加强公共设施建设，全村达到“五化”标准。治难点、建机制，改善居住环境。王家台后村加强环境整治工作，把改善环境卫生作为美丽乡村建设的重要工作，并建立健全长效管理机制。针对中心步行街墙壁破损失修、墙体外观没特色等问题，投资100万元进行了村容环境整治，装饰富有秦汉风韵的墙体、店铺门头，建设村庄“秦风汉韵，灵气龙湾”标志性雕塑和导视牌，形成一步一景的文旅景观带。创新实施袋装化垃圾收集模式，实现“户集、村收、区运”的管理模式。

图3-4　琅琊管区王家台后村

3. 山东省淄博市沂源县张家坡镇阳三峪村

乡村概况。阳三峪村180户人家，三面环山，山多地少，土地贫瘠，长期以来，村民过着面朝黄土背朝天的传统农耕生活，生产生活相对闭塞，苹果发展是该村主导产业，也是村民收入的主要来源，村民增收陷入“瓶颈”。在淄博市委农工办和上级部门的支持下，该村打造了农家乐和文化节，被评为省级美丽乡村示范村，相继被授予全国休闲农业与乡村旅游星级企业、中国乡村旅游模范村、全国生态文化村、五星级省级示范社、山东生态文化村、山东省乡村旅游创业之星、好客山东最美村镇等荣誉称号。

阳三峪村立足资源禀赋，以打造沂蒙特色美丽农家小院为切入点，深挖特色资源和优势资源，以企业为引领，走“龙头 + 合作社 + 基地 + 农户”产业发展模式，加快产业融合发展，拉长产业链，着力在吃、住、采摘、游乐“四位一体”上做文章，拓宽村民增收渠道。全村160户加入了种养殖专业合作社，按“四统一”要求，由合作社统一经营，合作社和农户按比例分成，并就地转移农民85人，增加了农民工资性收入，农民收入呈现多元化增收格局。在全力抓好美丽乡村、促乡村游融合发展的同时，不断丰富乡村文化内涵，完善提升了文化基础设施，连续6年承办山东省伏羊文化节，连续4年举办沂源红苹果文化节和沂源县清明登山节等地域特色文化活动，凝聚了人气，提升了名气，年接待游客2万多人次。阳三峪村依托毫山生态园优势打造生态旅游，着力打造集农业观光、休闲、度假、餐饮、住宿、会议为一体的都市农业示范园区，游客可以品尝到沂源全羊、沂源全蝎、小磨豆腐、沂蒙煎饼以及村民生产的有机苹果、有机玉米、有机野生山药、有机鸡蛋等当地特色农产品，已经成功举办多届伏羊节。

一个种植、养殖、观光、采摘、餐饮等融合发展的休闲乡村生态旅游产业已经形成，阳三峪正在阔步迈向幸福的明天。

三、城郊集约型

城郊集约型美丽乡村模式主要分布在大中城市郊区，其特点是经济条件较好，公共设施和基础设施较为完善，交通便捷，农业集约化、规模化经营水平高，土地产出率高，农民收入水平相对较高，是大中城市重要的“菜篮子”基地。

1. 上海市松江区泖港镇

乡村概况。泖港镇地处上海市松江区南部、黄浦江南岸，是松江浦南地区三镇的中心，东北距上海市中心50千米，北距松江区中心10千米。该镇的发展不倚仗工业，而是依托“气净、水净、土净”的独特资源优势，大力发展环保农业、生态农业、休闲农业，成为上海的“菜篮子”“后花园”，服务于以上海为主的周边大中城市。

该镇注重卫生环境的治理，在新农村建设中，开展村庄改造和基础设施建设，使全镇生态环境和市容卫生状况显著改善，2010年，该镇成功创建国家级卫生镇，2011年成为上海市第一家创建成功的市级生态镇。泖港镇作为上海市的“菜篮子”，把工作重点放在发展农业上是极其明智的选择，该镇以创建高产田为抓手，大力发展环保农业；以“三净”品牌为优势，大力发展农副经济；以节能环保为标准，淘汰落后工业产能。规范土地流转，实行家庭农场集中经营；完善服务管理，提高家庭农场运行质量；推动集约经营，优化家庭农场运行模式。

为顺应时代发展，满足大城市休闲度假的市场需求，泖港镇借助自然资源优势，发展生态旅游。以乡土民俗为核心，以市场需求为导向，充分整合生态农业、生态食品、农业观光、农业养殖、村落文化、会务培训、疗养度假、农家餐饮等各类乡村旅游资源，实现了农村休闲产业的功能集聚。乡村旅游已成为该镇农业经济新的增长点。

图3-5　松江区泖港镇

2. 浙江省湖州安吉县上墅乡董岭村

乡村概况。董岭村位于浙江省安吉县上墅乡南端，海拔800多米，夏季平均气温22℃。与临安市毗邻，距上海约4个小时车程，距杭州约1.5个小时车程。全村共有农户122户，人口482人；全村耕地面积15.6公顷；山林面积1 135.6公顷，其中毛竹88公顷、小竹250公顷，山核桃林160公顷。

“农家乐”是董岭的一大特色。全村现有特色农家乐30余家，早在2007年就被评为浙江省农家乐特色村。这里的山核桃、天目笋干、高山云雾茶等特产，也早已闻名遐迩。2009年，董岭村以创建“中国美丽乡村”为契机，同时开展了文化示范村、体育先进村、县级文明村、村庄环境待整治村、村庄环境整治提升村、党风廉政建设示范村、先锋工程“五好”党组织、市级四星级民主法治村、市级规范化档案室等多项创建，成功创建“中国美丽乡村”精品村，村容村貌发生了巨大的改变。

图3-6　湖州安吉县上墅乡董岭村

四、社会综治型

社会综治型模式主要在人数较多、规模较大、居住较集中的村镇，其特点是区位条件好，经济基础强，带动作用大，基础设施相对完善。

1. 吉林省松原市扶余市弓棚子镇广发村

乡村概况。广发村从2008年开始新农村建设，近年来投入1 000多万元完善新农村基础设施。全村有6个社，3个自然屯，969公顷耕地，70%的面积种花生，30%的面积种玉米。

广发村的民居基本都是欧式建筑，每家户型基本相同，面积85～120平方米，村民把这样的建筑叫苏式民居。村路都铺上了水泥路，路的两侧修建了标准的排水沟，有规则地安装了路灯，栽上了黑松、垂柳和花草。

图3-7 扶余市弓棚子镇广发村

2. 天津市西青区大寺镇王村

乡村概况。大寺镇王村北邻西青经济技术开发区，东邻天津微电子城，距天津港10千米，距天津国际机场15千米，距市中心15千米，交通四通八达。全村580户，总人口1.8万，占有土地263公顷。

王村经过近几年的发展实现了农村城市化。村里生活环境和谐有序，基础设施完善，家家户户住进新楼房，电脑、电话、汽车走进农家，村民过着“干有所为，老有所养，少有所教，病有所医”其乐融融的城市化生活。

十几年前，王村90%的村民仍然住着低矮潮湿的危陋平房，单调、简陋、陈旧、窘迫、拥塞是绝大多数王村人的居住状况。为了改变这一现状，彻底解决村民的住房问题，村领导制定了5年村庄建设规划，推到全村危楼平放，建成公寓和别墅，让全体村民住上了新楼房。此外，为了实现农村城市化，使百姓生活在舒适、整洁、文明、优美的环境中，村领导组织制定了彻底改造村内生活环境的规划，筹措资金，组织力量完成项目的改善和提升，村庄环境得到很大改善。王庄在完善社区服务中心、商业街，开发建设菜市场、卫生院等公共服务设施的同时，还先后建成了占地2万多平方米的音乐喷泉健身广场、2 400平方米的青少年活动中心以及1 000多平方米的村民文体活动中心，室内网球场、羽毛球场、乒乓球场、拉丁舞排练场、农民书屋、村民学校、党员活动室样样俱全，全部按照最高标准建设，设施完善，而且所有场馆都不对外营业，全部作为百姓的福利，让乡

图3-8　西青区大寺镇王村

亲们无偿使用。

五、文化传承型

文化传承型美丽乡村模式主要分布在具有特殊人文景观，包括古村落、古建筑、古民居以及传统文化的地区，其特点是乡村文化资源丰富，具有优秀民俗文化以及非物质文化，文化展示和传承的潜力大。

1. 河南省洛阳市孟津县平乐镇平乐村

乡村概况。平乐村地处汉魏故城遗址，文化积淀深厚，因公元62年东汉明帝为迎接大汉图腾筑“平乐观”而得名。该村以农民牡丹画而闻名全国，农民画家已发展到800多人。“一幅画、一亩粮、小牡丹、大产业”，这是流传在孟津县平乐村村民口中的一句新民谣。近年来，平乐村按照“有名气、有特色、有依托、有基础”的“四有”标准，以牡丹画产业发展为龙头，扩大乡村旅游产业规模，探索出了一条新时期依靠文化传承建设美丽乡村的发展模式。

平乐村民有着崇尚文化艺术的优良传统。改革开放后，富裕起来的农民开始追求高雅的精神文化生活，从事书画艺术的人越来越多。随着牡丹花会的举办和旅游业的日益繁荣，与洛阳有着深厚历史渊源而又雍容华贵的牡丹成为洛阳的重要文化符号。游人在观赏洛阳牡丹的同时，喜欢购买寓意富贵吉祥的牡丹画作留念，从事书画艺术的平乐村民开始将创作主题集中到牡丹。“小牡丹画出大产业”。如今的平乐，已拥有国家、省市画协、美协会员20多名，牡丹画专业户100多个，牡丹绘画爱好者300余人，年创作生产牡丹画8万幅，销售收入超过500万元。2007年，平乐村被河南省文化厅授予“河南特色文化产业村”荣誉称号，平乐镇被文化部、民政部命名为“文化艺术之乡”。

图3-9 孟津县平乐镇平乐村

2. 山东省临沂市沂南县铜井镇竹泉村

乡村概况。竹泉村因村中有一清泉，泉边多竹，而得名。竹泉村的竹林、泉水、古村落的自然形态和各种民俗项目的展示保护是当下中国美丽乡村建设的典范。竹泉村至少有400年的历史，村民以高姓居多、赵姓次之，高氏族人明末兵部右侍郎高名衡、明末青州衡王府仪宾高炯都曾在此修建别墅，享受天趣，别墅屋基犹存。这里，泉依山出，竹因泉生，村民绕泉而居，砌石为房，竹林隐茅舍，家家临清流，田园瓜果香，居者乐而寿，是中国北方难得一见的桃花源式的村落。

沂南县充分利用老区得天独厚的自然优势，将农村建设与旅游开发完美结合，成功打造了一个依托旅游摆脱不发达状态的成功样本。

整个村子的居民都已经整体进行了搬迁，居住在跟景区相邻的新村里，为了能够在保持村子原风貌基本不动的基础上不损害当地原住村民的利益，当地政府采取了置换的方式为原本村里居住的村民建设了崭新的房屋，既让村民的居住生活条件得到改善，又使得景区完全保留了村子古朴厚重的整体面貌。随着村民搬迁和景区建设的完成，旧村的环境质量得到了翻天覆地的改变。景区还为村民创造了150余个就业岗位，人均月收入在2 000元以上。

图3-10　沂南县铜井镇竹泉村

3. 山东省泰安市泰山景区大津口乡牛山口村

乡村概况。大津口乡下辖大津口村、沙岭村、藕池村、牛山口村、栗杭村、李家泉村、范家庄村7个自然村，隶属泰山景区管理委员会。大津口四面环山，苍松翠柏围绕，独居山巅，与泰山极顶遥相互对，清晰可见，驱车可达山头，停车十分便利。大津口乡牛山口有许多景点，如锦绣谷、明堂园等。

锦绣谷地处泰山区大津口乡北部，南起栗杭水库，北接药乡国家森林公园，西倚泰山主峰，东与岱岳区麻塔镇接壤，谷长约7千米，谷内溪水四季不断，彩石、奇石星罗棋布，花草树木葱茏繁茂，空气清新怡人。峡谷农业生态观光区种植柿、桃等观赏树，繁养山野菜，培育紫草、四叶参、何首乌、黄精等泰山四大名贵中草药，开发药饮、药膳、药浴等项目；养殖各类具有较高经济价值的观赏类动物，既供游人观赏，又可丰富游客的饮食。民俗文化游览区，建有民俗演艺广场，民俗展示厅展示古老的传统农具、家具、餐具、生活用品及民间艺术品，游客可亲自动手，参与织布、打铁、染布、推磨，体验劳作乐趣；在民俗村里，品农家饭、学农家活，体会山里人家的淳朴热情和浓厚的民俗风情。

图3-11　泰山景区大津口乡牛山口村

六、渔业开发型

渔业开发型模式主要在沿海和水网地区的传统渔区，其特点是以渔业为主，通过发展渔业促进就业，增加渔民收入，繁荣农村经济，渔业在农业产业中占主导地位。

1. 广东省广州市南沙区横沥镇冯马三村

乡村概况。冯马三村地处珠江三角洲出海口边缘，是一个具有300多年悠久历史的村落，也是岭南沙田水乡文化的典型代表。经过了数百年沧桑变迁，冯马三村依旧保持了傍水而居、以渔为业等历史传统，与现代新农村建设相互碰撞，编织出了一幅独具岭南水乡意味的美丽乡村画卷。南沙区地处珠江入海口虎门水道西岸，是三江汇集之处，咸淡水交汇，渔业资源种类繁多，是我国主要经济渔场之一珠江口渔场的重要组成部分。

渔业发展模式正成为以冯马三村为代表的南沙区的主要农业生产模式。为了进一步推进南沙区渔业发展，南沙将创新渔港建设模式，集中资源建设10个超国家级标准现代化渔港，即基础设施完善，停泊水域面积、防风防灾条件、补给维护能力满足区域性各类渔船需求，水产品交易流通快捷便利，渔港及周边水域环境优良，渔业管理、安全监控和治安消防等保障有力。

图3-12　南沙区横沥镇冯马三村

2. 甘肃省天水市武山县

乡村概况。天水市武山县位于甘肃省东南部，天水市西段的渭河上游。目前，该县渔业产值占农林牧渔总产值的10%。2012年，全县养鱼水面达30公顷，水产品总产量达到300吨，其中冷水鱼超过40吨，渔业总产值达770余万元。

近几年，武山县紧抓机遇，结合实际，大力发展休闲渔业。该县盘古村的发展前景比较好，该村20公顷河滩渗水地充分利用后采取“台田养鱼”模式开发池中养鱼、台田种草种树，逐步开辟成具有水乡特色的以生产商品鱼为主，休闲式生态渔家乐。龙台董庄村冷水鱼养殖户按照旅游要素，加大休闲农业开发建设的力度，以渔业生产为主题，以区域文化为内涵，以景观为依托，结合本地特点，打造功能齐全的休闲农业示范景区。推广鲑鳟鱼为主的冷水鱼品种，培育发展休闲渔业，全县渔业产业实现了从粗放到精养、从单一的养卖到提供垂钓、餐饮、休闲观光等综合服务方式的巨大转变，养殖规模不断扩大。武山县有河谷滩涂地、渗水地、薄田等宜渔土地300公顷，适于集中连片发展常规鱼养殖，“台田养鱼”“塑料薄膜防渗”等渔业实用技术的试验示范为常规鱼养殖提供了技术支撑。龙台乡董庄村冷水鱼养殖开发小区、温泉乡“福源生态农庄”、鸳鸯镇盘古村养鱼小区依托周边山水风光、人文景区、人脉资源，发挥自身环境优美、产品绿色环

图3-13 天水市武山县

保的优点，为人们提供休闲娱乐、观光垂钓、农家餐饮等服务，延长了渔业产业链，经济效益提高，成为渔业经营方式创新的典范。

七、草原牧场型

草原牧场型模式主要在我国牧区半牧区县（旗、市），占全国国土面积的40%以上。其特点是草原畜牧业是牧区经济发展的基础产业，是牧民收入的主要来源。

1. 内蒙古锡林郭勒盟西乌珠穆沁旗浩勒图高勒镇脑干哈达嘎查

乡村概况。西乌珠穆沁旗位于锡林郭勒盟东部，与通辽市、赤峰市及锡林郭勒盟的8个旗（县、市）相毗邻。乌珠穆沁草原不仅以草质优良而闻名，而且还有

图3-14 脑干哈达嘎查

林地。东南山地的迪彦庙林场、他本林场，林木茂盛，自然景观也十分独特。东南山地是草原的屏障，气候湿润，纵横乌珠穆沁草原上的十几条大小河流，大部分发源于此。这块古老的土地山水相依，牧草丰美，湖泊星罗棋布。几千年来，草场依然保存完好，中外学者称之为“中国北方草原最华丽的一段”。

2. 内蒙古太仆寺旗贡宝拉格苏木道海嘎查

乡村概况。贡宝拉格苏木位于锡林郭勒盟最南端，总面积850平方千米，总人口0.3万，辖20个嘎查、45个浩特，可利用草场面积7万公顷。

道海嘎查在美丽乡村建设中坚持生态优先的基本方针，推行草原禁牧、休牧、轮牧制度，促进草原畜牧业由天然放牧向舍牧、半舍牧转变，发展特色家畜产品加工业，形成了独具草原特色的发展模式。依托自然资源、区位优势，调整产业结构，推动农牧产业特色化、规模化、现代化发展。推广标准化养殖，引导农牧民转变发展方式，逐步由家庭作坊式养殖向规模化、集约化、标准化方向转变。争取国家项目扶持资金，配套推广标准化养殖技术，发展特种养殖生产基地。全旗建成标准化奶牛养殖场26处，肉牛养殖场22处，奶牛和优质牛存栏分别达到4.3万头和3.97万头，“小三养”和特种养殖专业合作社47家，养殖基地48处。与此同时积极引导农牧民走合作发展之路，加大政策扶持、项目倾斜力度，就重点农牧业建设项目优先安排有条件的合作社实施，为农牧民专业合作社提供全方

图3-15　苏木道海嘎查

位管理服务。

八、环境整治型

环境整治型美丽乡村模式主要体现在农村“脏、乱、差”问题突出的地区，其特点是农村环境基础设施建设滞后，环境污染问题严重，当地农民群众对环境整治的呼声高、反应强烈。

1. 广西壮族自治区恭城瑶族自治县莲花镇红岩村

乡村概况。红岩村距县城14千米，现有农户95户，人口390人。改革开放以来，红岩村坚持走“养殖—沼气—种植”三位一体的生态农业发展路子，实施“富裕生态家园”建设，发展农家乐特色旅游，走出了一条“生态富村、文明建村、旅游强村、民主理村”的科学发展路子，先后荣获自治区“生态富民示范村”“全区农业系统十佳生态富民样板村”等荣誉称号，被喻为“广西第一村”。

红岩村紧靠莲塘岭万亩月柿园，风景优美的平江河穿村而过，村旁有熔岩地质丰富的马头山，据此，红岩村在新村规划中着重突出人与自然和谐发展的主题，坚持高标准、高品位，聘请有关专家对整个村的布局、房屋样式进行精心设计。按照“改水、改路、改房、改厨、改厕”和“交通便利化、村屯绿化美化、户

图3-16 恭城瑶族自治县莲花镇红岩村

间道路硬化、住宅楼房化、厨房标准化、厕所卫生化、饮用水无害化、生活用能沼气化、养殖良种化、种植高效化”（简称“五改十化”）的标准，统一规划、统一建设、统一装修。通过规模养殖、集中供气方式，家家户户用上了管道输送的沼气，农户改厕率达90%以上，有线电视入户率达96%以上，全村文明卫生状况明显改善，村容村貌焕然一新。红岩新村成功地建起50栋独立别墅，共拥有客房200多间，餐馆近30家。开设了平江河水上乐园，建起了垂钓小区，开设了旅游咨询点、医疗救护点，基本形成了食、宿、行、娱、购、游相配套的服务体系。

2. 山东省烟台市蓬莱市刘家沟镇马家沟村

乡村概况。马家沟村共236户、608人，地处蓬莱市18千米葡萄长廊绿色产业带，毗邻206国道，依山临海，生态优势明显。近年来，该村适应新形势下群众求知、求富、求美、求乐的新期盼，开展以“村容整洁环境美、村强民富生活美、村稳民安和谐美、村风文明人文美”为主要内容的“蓬莱美丽乡村”创建活动，取得显著成效。马家沟生态旅游区获批国家AAA级景区。

建管并重，全域化整治村庄环境。把村庄环境综合整治作为美丽乡村创建的切入点，集中力量开展卫生大扫除、基础设施配套以及村庄绿化美化工程，用实实在在的变化，赢得群众支持和参与。尊重民意，差别化推进旧村改造。富民强村，融合化发展三次产业。便民利民，一体化提升公共服务。把城乡公共服务一

图3－17　蓬莱市刘家沟镇马家沟村

体化作为提高群众幸福感和满意度的有效抓手，积极搭建服务平台，拓展服务内容，提高服务效率。

九、休闲旅游型

休闲旅游型美丽乡村模式主要是在适宜发展乡村旅游的地区，其特点是旅游资源丰富，住宿、餐饮、休闲娱乐设施完善，交通便捷，距离城市较近，适合休闲度假，发展乡村旅游潜力大。

1. 江西省婺源县江湾镇

乡村概况。江湾镇地处皖、浙、赣三省交界，云集了梦里江湾、古埠名祠汪口、生态家园晓起和梯云人家篁岭四个景区。依托丰富的文化生态旅游资源，着力建设梨园古镇景区、莲花谷度假区，使之成为婺源国家乡村旅游度假试验区的典范。

江湾镇积极发展乡村旅游，将资源优势转化为发展优势，发展全域旅游。开发农业观光旅游项目，打造篁岭梯田式四季花园生态公园，使农业种植成为致富的风景，成为乡村旅游的载体。发展“旅游＋农业”，扎实推进“松风翠”等生态观光农业项目建设；振兴婺源传统“四色”之一的江湾雪梨，加强良种培育和栽

图3-18 婺源县江湾镇

植，打造集观光、采摘、文化体验等功能为一体的特色农业体验观光园。围绕中国特色小镇项目建设要求，坚持高起点、高品位、高标准，全面推进精品步行街、滨河民宿风情街、梨园新区等镇区项目建设和管理，将江湾打造成为山水人文融于一处的特色小镇。

2. 山东省东营市垦利区董集镇罗盖村

乡村概况。罗盖村位于镇政府驻地西12千米，总人口1 402人，耕地面积170公顷。2017年，罗盖村获得“中国美丽乡村文化旅游名村”称号，董集镇获得“山东省宜居宜业示范（村）镇”称号。

罗盖村以“旅游兴区”建设为契机，按照“一轴多组团、一带多片区”进行规划布局，建设入口景观区、文创商业区、主题民俗区等12个主题业态片区。依托万亩牧场项目和原址老村打造集果蔬采摘、民俗民宿、休闲旅游为一体的田园综合体，建设黄河故居、木栈道、观光路等旅游设施，打造独具特色的摄影和影视基地；同时规划建设一个精致游客体验区，为游客提供有参与性的互动项目，供游客游玩体验。田园综合体的建设为罗盖村土地流转解放出的劳动力提供了大量的就业岗位，有力促进了罗盖村的经济发展和村民经济收入的提高。罗盖村深入开展美丽乡村建设，切实改善农村环境卫生面貌。

图3–19　垦利区董集镇罗盖村

3. 山东省潍坊市青州市王坟镇侯王村

乡村概况。侯王村作为青州市唯一的全国文明村，近几年来得到了长足发展，他们以厚重的文化底蕴、丰富的旅游资源、优越的区位优势和良好的农业基础，布局“金翅膀”幼教研学游亲子基地，休闲农业、餐饮住宿等板块，推进文化与旅游、教育、现代农业产业深度融合、互促发展。为顺应人们消费升级、回归自然趋势，侯王村培育生态旅游体验型农业，推行“文化＋旅游＋现代农业”产业模式，全村乡村旅游经营主体发展到50多家，荣获“全国休闲农业与乡村旅游示范村”称号。把“文旅农”结合起来，是项多赢工程，既发展起高效农业，改善乡村环境，也能贴近老百姓，带动他们真正富裕起来；将休闲旅游开发与新农村建设结合起来，吸引工商资本及乡贤回乡进行乡村旅游基础设施和配套设施建设，引导发展集餐饮、住宿、休闲、游乐、度假和民俗于一体的休闲农庄，让农业更有看头，农民更有奔头。目前已建成农民画培训基地、群众大舞台、旅游产品市场、汽车露营地、侯王大酒店等规模设施20余处，日接待游客达万人之多，实现了村民就地就近就业；与土地合作社签订了“保底＋分红”的分配方案，既增加了村

图3–20 青州市王坟镇侯王村

庄的集体经济收入，又加快了美丽乡村建设。

4. 山东省日照市五莲县五莲风景区小榆林村

乡村概况。小榆林村地理位置优越、生态环境优美、旅游资源丰富、旅游基础设施较为完善，乡村旅游建设初具规模，先后获得山东省最佳宜居村庄、省级旅游特色村全省乡村旅游示范点等一系列称号。在国家旅游局公布的首批乡村旅游“千千万万”品牌名单中，小榆林村名列其中，成为日照市唯一一家入选村庄。

小榆林村凭借自身优势，大力发展乡村旅游、农业旅游，成立了莲山人家乡村游专业合作社，建设了板栗、柿子、杂果及有机蔬菜生态采摘园。积极推进“莲山人家客栈”民俗旅游接待项目、日月湖宾馆、五莲山文博苑、民俗风情步行街项目的建设。小榆林村已经发展为集餐饮、住宿、采摘、农业观光、民俗文化体验、拓展、休闲为一体的大型乡村旅游基地。

图3-21　五莲风景区小榆林村

十、高效农业型

高效农业型美丽乡村模式主要在我国的农业主产区，其特点是以发展农业作物生产为主，农田水利等农业基础设施相对完善，农产品商品化率和农业机械化水平高，人均耕地资源丰富，农作物秸秆产量大。

1. 福建省漳州市平和县三坪村

乡村概况。三坪村共有山地4 000公顷，毛竹120公顷，种植蜜柚800公顷，耕地140公顷。该村充分发挥森林、竹林等林地资源优势，采用“林药模式”打造金线莲、铁皮石斛、蕨菜种植基地，以玫瑰园建设带动花卉产业发展，壮大兰花种植基地，做大做强现代高效农业。同时整合资源，建立千亩柚园、万亩竹海、玫瑰花海等特色观光旅游，构建观光旅游示范点，提高吸纳、转移、承载景区游客的能力。

为了改善当地村民居住环境，提升景区周边环境品位，三坪村实施美丽乡村建设工程，带动当地旅游产业的茁壮发展，走出了一条美丽创造生产力的和谐之路。该村先后获得“国家级生态村”“福建省生态村”“福建省特色旅游景观村”“漳州市最美乡村”等荣誉称号，是漳州市新农村建设的示范点和福建省新农村建设的联系点，连续五届蝉联省级文明村。三坪村坚持发展乡村特色旅游，与壮大主导产业相结合，着力提升蜜柚、毛竹、花卉、食用菌等特色农业；与培育乡风文明相结合，倡导健康向上的生活方式。

图3-22　平和县三坪村

2. 山东省淄博市沂源县燕崖镇朱家户村

乡村概况。朱家户村位于燕崖镇政府西南部，全村242户，726口人，耕地面积37公顷，荒山面积170公顷，发展苹果、花椒、大樱桃、葡萄、柿子等林果面积50公顷，林果业收入占全村总收入的80%以上。建设沼气池200余个。依托专业合作社，发展循环农业基地60多公顷，采用“畜—沼—果”生态循环模式，推广应用沼肥综合利用技术，有效提升果品质量，实现了果业、畜业的互相促进、循环发展。

通过在苹果生产上推广沼渣沼液沼气综合利用循环农业模式，降低了化学投入品使用量，改良了果园土壤，提高了土壤有机质含量，果树抗逆性增强，果品质量提升，实现苹果生态化生产，带动果园内畜禽养殖发展，取得显著的经济效益、社会效益和生态效益。

图3-23　沂源县燕崖镇朱家户村

第四章

国家农村产业融合发展示范园

一、国家农村产业融合发展示范园认定管理办法

为深入贯彻落实党的十九大和近年来中央一号文件、《国务院办公厅关于推进农村一二三产业融合发展的指导意见》（国办发〔2015〕93号）精神，支持建设一批农村产业融合发展示范园，加快延伸农业产业链、提升农业价值链、拓展农业多种功能、培育农村新产业新业态，促进园区健康、快速和可持续发展以及管理科学化、规范化，让农民更多分享农村产业融合发展红利，根据《国家农村产业融合发展示范园创建工作方案》的具体要求，制定本办法。

本办法所指的国家农村产业融合发展示范园（以下简称“示范园”），是指在一定区域范围内，农村一二三产业融合特色鲜明、融合模式清晰、产业集聚发展、利益联结紧密、配套服务完善、组织管理高效，具有较强示范作用，发展经验具备复制推广价值，且经国家认定的园区。

示范园应当结合当地资源禀赋、风土人情等实际，探索多种产业融合模式，包括农业内部融合型、延伸农业产业链型、拓展农业多种功能型、高技术渗透型、产城融合型、多业态复合型等多种形式，努力构建农业与二、三产业交叉融合的现代农业产业体系。

一是在产城融合方面，各地把推进农村产业融合发展与新型城镇化、美丽乡村建设、返乡创业等结合起来，进一步释放了农村发展活力。浙江省开展了第一

批10个农业产业集聚区和24个特色农业强镇创建工作。山东省新泰市按照产城融合理念，与企业合作投资建设产城一体化示范区，吸引并聚集形成规模5万人的生态宜居城镇。

二是在农业内部融合方面，各地以农牧结合、农林结合、循环发展为导向，调整优化农业种植养殖结构，促进了农业增效和价值链提升。湖北省大力推广虾稻共生模式，不仅促进了小龙虾的快速发展，而且提高了稻米品质，实现了农业效益的大幅提升。

三是在产业链延伸方面，各地通过加快发展农产品加工和流通产业，完善农业产业链，增强了农业的竞争力和可持续发展能力。四川省重点围绕水果、蔬菜、中药材等特色优势产业，新建农产品产地初加工设施2 100座，累计形成农产品储藏保鲜烘干能力360万吨。贵州省逐步形成了以特色食品加工和民族制药为主的农产品加工产业体系，2018年前10个月全省规模以上农产品加工业生产总值达2 448亿元。

四是在功能拓展方面，各地深入挖掘农业的生态、文化、旅游等功能，推动农业与旅游、文化创意、科技教育、健康养老等相结合，观光旅游等产业发展迅猛。广西全区共创建国家级休闲农业与乡村旅游示范县8个、示范点22个，全国特色景观旅游名镇（村）19个、全国休闲农业星级企业48家。山东、浙江、黑龙江大力发展乡村旅游和休闲观光农业，三省乡村旅游总收入达393亿元。

五是在新技术渗透方面，“互联网 + 现代农业”行动加快实施，农产品电子商务和创意农业蓬勃兴起，工厂化高科技农业、会展农业、农业众筹等新业态、新模式加快发展。2016年上半年，全国农村特色产品等实现网络零售额1 500亿元。山东省特色农产品在线经营企业和商户达到10万多家，全年农产品电子商务交易额约600亿元，同比均增长40% 以上。江苏省率先创建150个电商村、42家电商镇，2016年上半年全省农产品网络交易额达130亿元，同比增长20%。

六是在多业态复合方面，山东省探索新型城镇化与农业现代化相结合的“两区共建”模式，一手抓农村新型社区建设，一手抓农村产业园区建设，推动农民居住向社区集中，就业向园区集中。甘肃省、四川省重点围绕本地区特色和优势农产品，大力发展特色农畜产品加工业、民族手工业、休闲农业和乡村旅游等。

二、国家农村产业融合发展示范园典型模式

(一)产业链延伸型

这是以产加销一体化为特征的全产业链融合模式。该模式以农产品加工企业为龙头，实行贸工农、种养加有机结合，走企业纵向一体化经营和农户横向一体化合作的路子。

1. 湖北省宜都市国家农村产业融合发展示范园

园区概况。宜都位于湖北省西南部、长江中游南岸，素有“三峡门城，两江明珠”之美誉。宜都获评“中国柑橘之乡”“中国柑橘产业二十强县市”。宜都入选首批国家农村产业融合发展示范园创建单位以来，围绕延伸柑橘产业链，深化农业供给侧结构性改革，推进农村“三产”融合发展，推动了乡村产业振兴，获批创建全国农村一二三产业融合发展先导区。“宜都蜜柑”荣登中国果品区域公用品牌第25位，品牌价值达31.12亿元。

典型做法。多模式融合，延长产业链：突出“优、特、绿、名”，“十个一”精品园综合技术在全国推广，“宜都蜜柑”标准化生产入围全国示范案例，获批全国柑橘“一村一品”示范镇2个，获批全国绿色食品原料(宜都蜜柑)标准化生产基地，创建柑橘“三品一标”产品27个，“土老憨”商标成为全省第一件水果类中国驰名商标。清江绿色农产品加工园被纳入国家第二批农业产业化示范基地。国家柑橘公园启动建设，入选全国百佳乡村旅游精品景点线路。实施柑橘“+互联网”“+文化”“+旅游”“+康养”行动。宜都电商产业园聚集1 800多家电商、微商，涌现“橘子公社”“我家果园一号”等电商品牌。成功举办“香飘三峡·橘甜丝路”2018柑橘国际采购商宜昌行暨中国橘醋推荐会，中国—东盟总商会、“一带一路”沿线12个国家以及国内重点采购商近千人参加活动，“橘子红了富乡亲”形成品牌效应。多主体参与，完善利益链：出台《关于推进乡村振兴战略实施的意见》《宜都市2018年度国家农村产业融合发展示范园创建实施意见》等，从政策、土地、财政等给予保障支持。发挥龙头企业引领作用，新增宜昌市级龙头企业9家，通过产业招商，建立覆盖柑橘种植、精深加工、农超对接、电子商务、休闲农业等全产业体系，每年带动农户就业2 000人以上。发挥农民合作社和家庭

农场基础作用。发挥供销社、行业协会和产业联盟服务优势，依托宜都供销“三农”服务中心，形成柑橘清洗分选、冷藏库存、周转箱注塑、分拣包装、物流配送等一站式服务。成立宜都电商协会，每年通过电商销售特色农副产品200多个，销售总额逾1.1亿元。多机制联结，提升价值链：采取“龙头企业＋基地＋农户”模式，依托龙头企业，与柑农签订保底订单，每年落实柑橘订单超6 000公顷，引导柑农提升柑橘品质，打造精品名牌。主产区柑农以土地入股成立合作社，社员通过团购生产资料节本增收20%，并免费享受生产技术、销售信息等服务。实行分红奖励，联紧“合作社＋基地＋农户”利益链条。多要素供给，完善保障链：强化财政投入和资金争取，出台《宜都市创新驱动发展实施办法》《国家柑橘农业公园“亚行项目”“三园”示范基地建设验收标准》等，每年财政预算1 000万元，整合涉农资金2 000万元，支持国家柑橘公园、设施农业、电商物流等发展。强化人才和科技支撑，出台《高层次人才和急需紧缺人才引进办法》，与高校、科研机构建立长期合作关系，采用“院校＋基地＋农民”“走出去＋请进来”等方式，大力培养新一代。强化农村金融和产权流转服务，在全省首创县域科技创业投资基金，联合优势企业增资2亿元以上，通过投贷结合、资本嫁接，做大做强现有企业。完成农村土地确权登记颁证，深化农村承包地“三权分置”改革，探索建立土地经营权抵押担保机制。

通过开展示范园创建，农村“三产”融合发展根基进一步巩固，农业基础设施日益完善，农产品品质更加优化；农业现代化水平不断提高，柑橘加工能力持续增强；休闲农业蓬勃发展，利益联结机制广泛建立，电商实现快速发展，农民收入大幅提高。

2. 河南省郸城县国家农村产业融合发展示范园

园区概况。郸城县国家农村产业融合发展示范园按照甘薯文化产业区、中药文化产业区、加工区、物流区、甘薯种植基地、中药材种植基地、优质果蔬种植基地、优质草畜养殖基地“四区四基地”功能布局和建设目标要求，通过实施龙头带动、科技创新、开发文化产业、强化利益联结等措施，不断延长甘薯、中药材两大主导产业链条，初步建成了全国最大的甘薯产业融合发展基地和豫东中药材产业融合发展基地。

典型做法。坚持龙头带动，延伸产业链条：示范园现有市级以上农业产业化龙头企业16家，其中省级重点农业产业化龙头企业2家。突出科技创新，做强产业链条：示范园现有博士后科研工作站2家、院士工作站2家，拥有2个国家级研发中心、2个国家级检验测试中心、1个国家和地方联合工程实验室。与18个高等院校、科研院所开展校企合作。河南省甘薯食品质量与控制重点实验室先后培育甘薯品种32个品（系），其中6个拥有自主知识产权，拥有甘薯精深加工生产工艺相关发明专利9项、实用新型技术专利13项、省级科技技术成果1项。科技创新促进了甘薯产业进一步做大做强，2018年示范园甘薯产业产值达到7.5亿元，占示范园总产值的41%。开发文化产业，补齐产业链条：开发健康养生文化，重点打造以健康养生体验、养生文化交流、健康管理产业为主的高端传统养生文化体验基地，形成了养生文化多元产业集群。结合省级“薯光”田园综合项目建设，开发甘薯文化产业。甘薯文化产业区是集甘薯科技研发、文化展示、农事体验、科普教育、休闲观光为一体的甘薯文化主题园，包括产业研发区、循环农业区、休闲接待区和文化体验区。强化利益联结，助推乡村振兴：完善现有的“企业+基地+农户”“企业+合作社+基地+农户”模式，将土地从农民手中流转到企业或者合作社手中，引导农民到企业做“产业员工”或者到流转的基地上务工，从而获得工资性收入。流转土地时，对愿意以土地入股企业或者合作社的农户，签订合同，农户以承包地为资产入股，按照股权从项目效益中分红。在种植基地

图4–1　郸城县国家农村产业融合发展示范园

相对较大的区域建立初加工基地，与基地区村集体（或个人）签订合作协议，这些初加工企业与当地农民签订用工协议，从而保证当地农民的工资性收入。

3. 山东省滨州市滨城区国家农村产业融合发展示范园

园区概况。滨州市滨城区国家农村产业融合发展示范园，是按照国家农村产业融合发展转型升级的要求，立足农村产业内部融合发展的类型定位而建设的。创建一年来，按照示范园规划设计及实施方案要求，全面展开示范园区建设工作，投资规模进一步扩大，基础设施明显改善，相关项目建设稳步推进，生态建设进一步加强，产业发展取得了明显成效。

典型做法。政府主导，企业主体，构建示范园产业集群。建立示范园创建任务的目标考核体系，明确各部门的创建工作考评标准，推行目标责任制，逐层分解任务指标，对重点项目落实情况进行跟踪督查、动态管理、定期通报，确保创建任务快速推进、高质量落实。以省级涉农资金打捆整合下达农业项目试点为契机，连续3年整合涉农打捆资金2亿元，用于示范园区建设，坚持“渠道不乱、用途不变”的原则，实行跨部门、跨年度统筹涉农项目财政整合投入，提高资金使用效益。通过土地整治带动、农村用地保障、城乡建设用地增减挂钩等政策措施，强化了全区现代农业发展的土地政策支撑，将农业产业对建设用地需求与新农村建设紧密结合，按照产村一体、产村相融布局新村，提升农业建设用地供给。积

图4–2　滨州市滨城区国家农村产业融合发展示范园

极支持国有银行网点由乡镇向村社延伸，加快组建村镇银行、农村资金互助社，以财金集团为平台成立农业发展基金等新型农村金融服务机构，解决农民贷款难题。促进产业融合发展。以农业龙头骨干企业为支撑，搭建示范园整体框架。近年来，滨城区现代农业产业化发展较快，特别是以优质小麦、无抗生猪两大主导产业为主体的农牧结合、“三产”融合发展，提升了全区农业产业发展水平。园区逐步融合了良种研发生产企业、粮食生产服务企业。

（二）农业内部融合型

这是以一县一特、一乡一业、一村一品为特征的农业内部融合模式。该模式充分发挥区位、资源优势，以农牧结合、农林结合、循环发展为导向，调整优化农业种植养殖结构，促进农业增效和价值链提升。

1. 广西壮族自治区田东县国家农村产业融合发展示范园

园区概况。田东县是“中国芒果之乡”，是全国四大芒果产区之一。自2017年底被列入首批国家农村产业融合发展示范园创建名单以来，在国家、区、市各级发展改革委的关心和指导下，田东县结合地方工作实际，稳步推进示范园区创建工作，各项工作取得阶段性成果。

典型做法。推广现代农业技术，发挥“一产”内部融合发展示范作用：一是推广使用新型农业技术。二是推广绿色种养发展模式，加快推进绿色有机肥料使用，整个核心园区绿色有机肥料使用率达到100%。三是提高芒果绿色品牌效应，全面推广统一品种、统一技术、统一农资采购、统一产品销售和统一品牌的“五统一”模式，着力打造田东芒果的品质示范形象。建设产品加工园区，发挥一二产融合发展示范作用。加快农产品加工园区建设，积极引进大型农产品加工龙头企业。积极培育新兴业态，发挥“一、三产”融合发展示范作用：策划、打造一批以芒果为核心的采摘、文创、养生、休闲类旅游产品，推进特色乡村旅游业发展。深入实施电子商务进农村工程，扩大芒果销售渠道。加强对外合作交流，通过承办芒果国际性展会、学术论坛、展品推介会等活动，稳步将“百色·田东芒果文化活动月”提升为“芒果嘉年华”。创新园区建设思路，发挥田东特色创建模式示范作用：积极培育家庭农场、农民合作社、农业产业化龙头企业等新型经营主体，发展多种形式的适度规模经营，推动芒果规模化生产。加强与科研院所的合作，

图4-3　田东县国家农村产业融合发展示范园

构建“产—学—研—推”一体化发展模式，以此加强（芒果）示范园科技研发与示范推广功能。创新“融资＋融智”多样化金融服务，全面推广“香芒贷”，助推田东芒果产业规范化、规模化、可持续发展。拓展利益联结机制，发挥园区建设强农惠民示范作用：引导入园企业或合作社与农民采取订单合同、价格保护等工作机制，结成紧密的利益共同体，促进农民增收致富。统筹整合使用财政涉农资金，将项目资金部分量化到农村集体经济组织，确保更多村集体或农户享受到全产业链资产收益。加快园区土地流转，全部农户每年获得稳定的土地流转费，同时吸纳周边农民到园内劳动，促进农村富余劳动力就业增收。

2. 江西省乐平市国家农村产业融合发展示范园

园区概况。乐平市国家农村产业融合发展示范园区范围除去城区、工业园区和部分受保护的山川河流外，进行整体推进。示范园以现代农业为基本依托，以新型经营主体为引领，以利益联结为纽带，通过产业联动、要素集聚、技术渗透、体制创新等方式，将农业生产、农产品加工和销售、餐饮、休闲服务业有机整合，使得农村一二三产业之间紧密相连、不断强化，农业内部融合不断加快，农业产业链不断延伸，农业产业功能不断拓展，农业附加值不断提高，农民收入不断增加，示范带动作用不断加强，从而取得良好的融合效果。

经验成效。农业经营主体不断壮大：在坚持农村家庭承包经营制度不变的基础上，鼓励发展多种形式的适度规模经营，积极培育农民合作社、家庭农场、种植大户等新型经营主体。园区内新型农业经营主体发展快速，共有市级以上农业产业化龙头企业25家，其中省级6家，年销售收入500万元以上规模农业龙头企业达20余家，从业人员近1.7万人，带动农户5 600户。全区家庭农场92家，蔬菜种植大户87家。农民专业合作社提质增效：示范园区内共有农民合作社1 035家，占全省农民合作社的比例为1.92%，其中市级以上示范社15家（含国家级2家、省级8家），农业产业化龙头企业由2017年的7家增长到64家。已有农民土地入股的合作社21家，以土地承包经营权作价入股的土地460公顷，实行合作社统一经营，1 875户贫困户以扶贫贷款资金入股，年收益675万元。农村居民人均可支配收入增长较快：农村居民人均可支配收入由2017年的21 523.33元增加到23 675.67元，增幅为10%。农业规模化经营水平逐步提高：乐平市出台了土地流转支持政策，成立了土地流转服务中心，完善了三级土地流转服务网络体系，按照“依法、自愿、有偿”原则进行农村土地流转，示范园区已经流转耕地3 200公顷。农业规模化经营水平不断提高，蔬菜产业保持显著特色与优势：高效特色产业发展成效明显，园区建立蔬菜生产基地4 500公顷，产量22.73万吨。涌现出白茶、皇菊、蓝莓、草莓、葡萄、中药材、翠冠梨等一大批特色农业基地。农业结构调整与区域布局逐步优化：通过近几年来实施分区布局的战略，形成“一个中心、三大平台、四大园区、五大示范基地”，即建设国家现代农业示范区综合管理服务中心，建设现代农业高新技术研发、信息服务、物流贸易三大平台，打造光伏农业科技、农产品精深加工、商贸物流及休闲农业观光四大园区，做强现代高效设施蔬菜、高标准农田、标准化水产养殖、标准化畜牧养殖、万亩花卉及中草药标准化种植等五大示范基地。农产品加工产业集群不断发展壮大：通过实施农业产业化龙头企业提升行动，积极培育发展和壮大龙头企业，初步形成了粮油、畜禽、水产、茶果、蔬菜等五大农产品加工体系。已建成四大产业集群，包括光伏农业科技、农产品精深加工、商贸物流及休闲农业观光四大集群。农产品品牌创建取得突破：全园区“三品一标”认证多点开花达15家，其中绿色食品认证2个、无公害农产品认证11个，涵盖蔬菜、茶叶、生猪、水产等产业，无公害农产

图4-4　乐平市国家农村产业融合发展示范园

品认证数位居全省农业示范园前列，涌现出高家白茶、鸬鹚萝卜、众埠毛蔗、浯口湖羊等驰名产品。全园区有137个村点实现“一村一品”农业产业项目覆盖。农业功能不断延伸拓展：以美好乡村建设为切入点，大力发展休闲农业与乡村旅游，推进农旅结合，进一步拓展农业功能，着力打造了一批适游宜玩的村庄和休闲基地。

3. 江苏省徐州市铜山区国家农村产业融合发展示范园

江苏省共有7个示范园入选，铜山区农村产业融合发展示范园名列其中，是徐州市唯一入选园区。

园区概况。示范园采取“一轴、两园、三区、一镇、多空间”的空间结构布局。一轴即“三产”融合发展轴；两园指蔬菜、粮食加工物流园；三区指综合服务及“三产”融合集聚区、高效绿色蔬菜生产示范区、优质粮食生产集中区；一镇即草莓小镇；多空间是指结合园区丰富的水网和路网，将农业绿廊以楔状与徐州市总体空间格局呼应，优化城市总体生态格局。在功能布局上，该示范园设立中心服务区、优质粮食种植区、粮食加工物流区、高效蔬菜种植区、果蔬加工物流区、工厂化食用菌种植区、特色草莓种植区、农业双创与科技转化基地等8个功能区。

图4-5 徐州市铜山区国家农村产业融合发展示范园

示范园将立足铜山区的资源与产业基础，利用区位优势，结合京沪宁等城市需求，围绕农业种植与加工销售两端，做强做深优质粮食产业，做优做精高效蔬菜产业，向规模生产要效率、向产业融合要效益、向品牌经营要利润、向检测检验要安全，逐步打造黄淮海粮食主产区全程机械化农业样板区、苏北地区现代农产品精深加工产业集聚区、京沪线现代高效绿色生态农业示范区、农民持续增收利益保障机制创新区，既展示粮食主产区高标准、机械化现代农业发展特点，又兼顾都市型现代农业服务城市、引领区域农业发展的特色。

（三）农业功能拓展型

这是以农村电商、乡村旅游业等新产业为特征的农业功能拓展融合模式。该模式通过深入挖掘农业生态、文化、旅游等资源，推动农业与信息业、旅游业、文化创意、科技教育、健康养老等相结合，成为农民增收新亮点。

1. 浙江省宁波市“城市田园·欢乐乡村”国家农村产业融合发展示范园

园区概况。位于江北区的宁波“城市田园·欢乐乡村”农村产业融合发展示范园（达人村）成功上榜，为宁波市首例。“达人村”作为宁波首家入选国家农村产业融合发展示范园的核心区块，总用地面积400多公顷，总投资约1.5亿元。该区拥有80千米北山游步道、2 000公顷水面、4 000公顷山林和广阔的农村腹地，是宁波市民重要的休闲旅游区块。打造以发展生态田园为基础，融合创意农业、休闲旅游、民俗演艺、童话世界、田园社区五大核心功能为一体的乡村旅游综合体，是江北区实施乡村振兴战略、实现农旅融合发展的重要实践。

总体布局。通过以点带面推动农村产业融合发展，充分发挥示范引领作用。以“世界稻源，都市田园”为主题，着力打造“四季有花、四季有果、四季有景、四季有玩”大型生态农业公园——姚江农业公园，同时结合姚江江堤改造，打造老外滩到三勤村沿江水线。按照全国农村产业融合发展试点示范区建设实施意见，围绕“211”旅游发展布局，着力建设姚江甬江文化休闲带、北山生态休闲带、旅游目的地集群、城市山水绿道，创建成为全国一流的功能拓展型近郊农村产业融合发展试点示范区。

图4-6　宁波市“城市田园·欢乐乡村”国家农村产业融合发展示范园

2. 河北省承德市滦平县国家农村产业融合发展示范园

园区概况。示范园地理位置优越，环境适宜，文化积淀深厚，经济基础较好。示范园创建主要依托承德兴春和农业集团有限公司。兴春和示范园先后获得河北省农业扶贫龙头企业、河北省农业产业化龙头企业称号，并被确定为河北省环首都现代化农业开发示范园区。

总体布局。农村产业融合发展示范园，以“兴春和”现代农业园示范园区为基础，着力打造“两个引擎”（绿色农产品产业引擎和现代休闲旅游农业引擎），“两个园区”（果蔬生产园区、休闲度假观光旅游区）形成“一环一核”（以“兴春和”现代农业园示范园区为核心的生态有机农业环形发展带），使“兴春和”农村产业融合发展示范园成为京津地区绿色品牌蔬菜、果品的供应地、生态观光休闲度假地。以“兴春和”现代农业园示范园区为基础，向周边的5个行政村辐射，总规划面积57.1平方千米，核心区5平方千米。根据本区域的各种资源优势，经过认真研究和谋划，打造三大产业作为本项目的强力支撑。将农村产业融合发展示范园打造成产城结合、文旅结合、现代农业一二三产业深度融合的典范。

图4-7　承德市滦平县国家农村产业融合发展示范园

3. 浙江省杭州市余杭区大径山国家农村产业融合发展示范园

园区概况。大径山国家农村产业融合发展示范园面积约98平方千米，示范园所在的径山镇是省旅游经济强镇，禅茶文化底蕴深厚，是日本茶道发源之地，也是唐代茶圣陆羽著《茶经》之地，古刹悟禅、花海三千、古城春晓、岭湖秋叶等大径山双十景交相辉映。园区重点推进核心区浙商金融小镇、茶产业博览园、径山花海等项目建设，打造乡村休闲旅游高端项目群，探索农旅融合新模式，实现全域景区化，为全国同类地区探索符合本地特色的乡村休闲旅游模式提供可复制、可推广的“全国样板”和“浙江经验”。

典型做法。以产业融合为重点，促进特色化发展。在发展径山茶、花卉苗木等大径山主导产业和蔬菜、水产辅业的基础上，继续推动“二产”向农产品加工业延伸，“三产”与休闲旅游结合。重点做好径山茶文化博览园、森禾种业、利川绿景堂等的产业提升和农业、文化、旅游融合发展文章。以美丽乡村为引领，实现景美、业兴、民富。以乡村“景美、业兴、民富”为目标，将示范园内村庄建设成为美丽乡村精品村。着力打造径山禅茶第一村，使之成为弘扬“禅茶文化”最具禅意特色的村落和富民产业集聚区。以千岱山居、波罗蜜、花自在等民宿新业态引领民食民宿产业提升发展。以全域景区标准建设大径山乡村旅游示范园。完成陆羽泉文化公园、双溪漂流景区的提升改造，服务助推红树林酒店、浙商金融小镇建设，充分发挥大径山旅游集散中心、绿道骑行道、驿站交通集散功能和慢行交通系统功能。

图4-8　余杭区大径山国家农村产业融合发展示范园

（四）产城融合型

这是以“两区同建”、发展社区经济为特征的产城融合模式。该模式一手抓农村新型社区建设，一手抓农村产业园区建设，推动居住向社区集中，就业向园区集中，把推进农村产业融合发展与新型城镇化、美丽乡村建设、返乡创业等结合起来，进一步释放农村发展活力。

1. 山东省泰安市新泰市国家农村产业融合发展示范园

园区概况。新泰市以园区化引领发展现代农业，融合发展关联产业，着力打造生产技术先进、产业形态多元、功能丰富多样、旅游要素完备、综合效益突出的现代农业综合发展平台。发挥园区载体优势，吸引龙头企业和科研机构建设运营产业园，鼓励农户和返乡下乡人员通过订单农业、股份合作、入园创业就业等多种方式，参与建设、分享收益。新泰市农村产业融合发展示范园以新泰市采煤沉陷区农光互补示范基地（光伏领跑技术基地）为依托，致力打造全国现代农业转型发展示范区、全国农业供给侧结构性改革样板区、全国农村一二三产融合发展典范。

总体布局。示范园核心区位于翟镇、泉沟、西张庄3个乡镇，占地面积3 300公顷，辐射6个乡镇连片发展共4 600公顷，形成“建一区带六片连百园”的发展格局，最终形成总占地约8 000公顷、光伏总装机容量200万千瓦的农光一体示范园。示范园以先农后光、农光互补为切入点，采取“农业＋沉陷区＋光伏”模式，破除采煤沉陷区发展桎梏，变“包袱”为“财富”，推动主导产业布局由“地下”转到“地上”，发展方式由“黑色”变成“绿色”，以实现资源城市的根本转型。按照“一年有起色、两年见成效、四年成体系”的总体安排，2020年示范园农村产业融合发展总体水平明显提升，新兴业态增加值占农村产业增加值的比重明显提高，新型农业经营主体、农户参与产业融合发展、经营的比例明显增加，实现农业增加值年均增长5%，农村居民人均可支配收入比2010年翻一番，年均增长7%。

典型做法。“农业大棚＋光伏发电＋沉陷区治理”三管齐下：核心区建设总投资50亿元，建成高效农业大棚9 620个、农光互补光伏电站6个、总装机容量50万千瓦，共修复沉陷地1 800公顷，昔日沉陷废弃地成为新“六产”与新能源交相辉映的转型发展新载体。“运维中心＋技术服务＋数据平台”三位一体：示范园内建设大数据运维中心一座，开展农业标准化示范区、园艺作物标准园、标准化规模养殖场创建活动，提供农业大棚技术培训和蔬菜种植技术指导，并运用云计算、大数据等新一代信息技术，实现对建设开发进度、质量管理、运行情况等

图4-9　新泰市国家农村产业融合发展示范园

信息的查询、监测、分析和管理，全面提高园区建设信息化水平和农业智慧化水平。“上级指导+政府主导+企业主体”三方协同：发挥政府规范市场与市场竞争配置资源的有效共轭机制，将客观公正原则贯穿项目招商优选、建设监督、后期检验评估全过程。在发展模式上“农光互补”、在建设思路上“先农后光”，把大棚农业种植与光伏发电相结合，集中打造农光互补产业融合发展示范园。发掘农业的生态价值、休闲价值和文化价值，培育发展农事体验、观光采摘、生态旅游等休闲农业、创意农业，开发特色化、个性化、艺术化创意农产品，实现园区变景区、田园变公园、农产品变旅游商品。

2. 山东省诸城市国家农村产业融合发展示范园

园区概况。诸城市国家农村产业融合发展示范园总规划面积3.6平方千米，核心区面积1平方千米。投资38.9亿元建设昌城食品产业园、万亩优质小麦种植区等17个农产品加工类、农牧结合农林复合类、新产业新业态类、农商融合类重点项目，充分发挥重点项目的带动作用，推进健康食品小镇示范园建设。

总体布局。结合自然禀赋和现有生产力布局，按照“三产”融合、特色分区原则，将诸城市健康食品小镇示范园划分为“两区、两中心”，辐射带动“四片区”。“两区”指农产品加工区和配套服务区；“两中心”指生产研发中心、产品展示中心；“四片区”指板栗种植片区、绿色蔬菜种植片区、禽畜养殖片区、优质粮食种植片区。示范园围绕创建全国一流农村产业融合发展示范园，以市场为导向，以龙头基地建设为引导，大力发展特色优势产业，充分开发农业的多种功能和多重价值，创新农村产业融合模式，以优势农业、牧业和健康食品产业为切入点，以种养结合、农牧结合、循环发展为导向，促进农业发展方式转变，提升农业附加值，带动农民就业增收。

典型做法。高起点、高标准规划：2018年以来，投资400多万元，建成通车2.2千米得利斯大道东延工程、1.2千米昌平路和1.5千米昌佳路新建工程、邱满路改造提升，进一步完善示范园路网结构。投资200多万元，完成对示范园内官沟、巴山、东老庄等重点农业园区4.1千米道路建设，进一步改善了现代农业生产条件。开工建设了芝兰馨苑、方城名府、芝灵家园三期、水岸府邸二期等重点聚合区项目，坚持生产园区、生活社区、生态景区“三区”共建共享，大力发展食品工业特色旅游，组织实施千亩生态湿地、万亩板栗林海、昌王新城、得利斯欧风小镇等重点项目，进一步丰富了发展内涵。大招商、大龙头带动：2018年以来，得利斯30万头进口肉牛分割及深加工项目建成投产，新上泽慧新程食品、中慧40公顷养殖基地、智能标准化现代生猪繁育示范基地等重点项目。示范园内和生、佳士博等龙头企业先后与台湾顶新集团、耀集集团等知名企业开展战略合作，提升了农产品加工的质量和效益。强化园内市级以上农业龙头企业的带动作用，进一步完善“生产基地＋加工企业＋终端销售”模式，2017年以来，新建农业园区内农户90%以上与示范园农业龙头企业或大型商超建立稳定供销关系。以优化园区建设和发展环境为目标，统筹整合优势资源，打造示范园政务服务中心，优化设置政务服务、党建人才、文体科普、教育培训、数据信息、驻地网格六大平台，全面深化“一次办好”改革，进一步拓宽服务内容，提高服务档次，为入园企

图4-10　诸城市国家农村产业融合发展示范园

业在用地、融资、审批、市场、信息、技术等方面提供全方位、无缝隙的个性化、定制化服务。

3. 河南省汝州市国家农村产业融合发展示范园

园区概况。汝州市农村产业融合发展示范园规划区面积151.7平方千米，核心区面积83.19平方千米，辐射带动区68.51平方千米，涉及34个行政村，6.7万人，耕地4 000公顷。汝州市按照一二三产融合的理念，坚持策划、规划、计划三步走，在产城融合、农业内部融合、延伸农业产业链、拓展农业多种功能、发展农业新型业态等方面积极探索，取得了一定成效。

典型做法。围绕汝瓷文化产业，构建平台打造新型产城融合模式。规划建设了总面积近12平方千米的汝瓷文化产业融合示范中心。依托示范园区独有的汝瓷文化优势，深入挖掘汝瓷、汝石、汝帖文化资源，通过建设中国汝瓷博物馆、河南省陶瓷产品质量监督检验中心、创客源区、汝瓷文化遗址公园等，构建具有自主知识产权和核心竞争力的汝瓷文化产业体系。围绕特色种植业，构建龙头企业带动下的纵向一体化模式。以河南蒋姑山农林发展有限公司为主体，通过加强和西北农林科技大学战略合作，规划面积2 600公顷的特色种植产业融合示范区，发展元宝枫、油用牡丹、中药材种植等，探索“龙头企业 + 科研院所 + 农民合作社 + 农户”的纵向产业融合模式，形成“种植—加工—营销”一体化产业链，形成区域优势主导产业。围绕特色养殖业，构建龙头企业带动下的农业内部融合模式。

图4–11　汝州市国家农村产业融合发展示范园

以河南汝州驰骋农牧科技有限公司为主体，以现有的生猪养殖产业和公猪配种站为基础，通过与高科技生猪繁育研究中心合作，加快良种猪繁育，将产业链向高端延伸，增加产品附加值。同时，与周边农户签订种养合同，建立青贮饲料种植基地，形成多种“种—养—沼”生态循环链条，探索龙头企业带动下的农业内部产业融合模式，促进生态养殖业健康发展。围绕休闲观光旅游业，打造三位一体的产业深度融合模式。一是规划建设沿蟒川河两岸休闲观光旅游带；二是发展汝瓷小镇、硕平花海、万里茶马古道、半扎古镇等旅游业，形成一体化旅游线路，拓宽农业功能；三是引进中青旅等大型旅游企业对园区旅游业进行管理和运营，加快旅游业发展进程。

（五）新技术渗透型

该融合模式综合运用“三智”（智慧、智力、智能）等要素资源，把“两网”（互联网、物联网）等现代信息技术，在土壤改造、良种培育、作物栽培、设施农业、现代营销等方面推广应用新技术、新模式，形成新亮点、新优势，催生新业态，带动产业发展释放“乘数效应”。

1. 山西省晋中市太谷县国家农村产业融合发展示范园

园区概况。太谷县农村产业融合发展示范园涉及20个行政村，国土面积75平方千米，耕地3 100公顷。该示范园以省级战略农谷建设为引领，以示范区已有的特色产业、文化资源、产业体系为基础，以山西农业大学、山西省果树研究所科技力量为支撑，集聚科技、人才、信息、文化、项目、资金等要素，通过发展科技农业、创意农业、功能农业、精品农业等新型农业，拓展运动休闲、文化旅游、农业体验、特色采摘、互联网 + 农业等新型业态，通过“科研院所 + 科技成果 + 中试基地”试点产业融合发展新技术，通过“公司 + 技术成果 + 农户”建立公司 + 农民的利益共同体新模式，培育新型经营主体，创新公司 + 合作社 + 农户、订单农业、保底收益 + 按股分红等利益联结机制，打造农业新动能，实现一二三产相互融合、互促共进，最终实现农业增效、农民增收、农村繁荣。

总体布局。以打造山西农谷为契机，依托红枣、苗木特色产业、绿色生态环境和千年箕子、白燕遗址文化等丰富优势资源，打造农村产业融合发展示范区。通过提升产业级次、完善产业体系、培育经营主体、健全利益联结机制、拓展产业新业态、加强基础设施建设等重点工作，大力发展科技农业、生态农业、功能农业、加工农业、创意农业、精品农业以及文化旅游＋农业、互联网＋农业等新业态新模式，将示范园建成具有科技优势和生态魅力的优质高效特色产业区，具有文化传承和创意理念的精品智慧融合区，具有产业优势明显、科技支撑有力、生态魅力彰显、文化元素丰富、“三产”相融发展的农业产业融合示范区。

通过农村产业融合示范园创建，充分开发农业的多种功能和多重价值，将新业态与种植业、加工业、餐饮业、乡村旅游等互相渗透、互相提升、融为一体，赋予农业科技、文化和环境价值，提升农业和乡村的生态休闲、旅游观光、文化传承、科技教育等功能，促使大量的农区变景区、田园变公园、劳动变运动、农产品变商品，转变农业发展方式，带动农民就业增收，推进美丽乡村建设，实现产业融合。

图4-12　晋中市太谷县国家农村产业融合发展示范园

2. 重庆市潼南区国家农村产业融合发展示范园

重庆市有4个区的农村产业融合发展示范园获批，分别位于潼南区、万州区、涪陵区和梁平区。这些农村产业融合发展示范园都是融合发展，并结合当地实际，各有特色。潼南农村产业融合发展示范园的特色是柠檬产业。

园区概况。潼南国家农村产业融合示范园位于潼南区国家现代农业示范区和国家现代农业产业园核心区域，涉及柏梓、崇龛等2个镇，共16个村，规划面积约28平方千米。

总体布局。示范园以新技术渗透作为发展模式，通过柠檬新技术渗透示范、柠檬全产业链融合发展示范，带动农民创业就业示范。按照“产业链＋技术集成”创新发展模式，形成柠檬产业种、加、销、研、学、旅的全链条发展。潼南将把示范园打造成为重庆市农村产业融合发展的示范样板，总结形成一批可复制、可推广的好经验、好做法，以点带面助推该区农村一二三产业融合发展取得更大成效。这也意味着，潼南将以柠檬产业的发展模式为示范引领，深度挖掘农业的多种功能，促进农业产加销紧密衔接，进一步推动一二三产业融合发展。以潼南为中心建设百亿级柠檬产业链，大力度全产业链做强做靓柠檬产业；持续培育经营主体，鼓励返乡投资兴业；改善农村人居环境，抓好村容村貌提升工作；发展壮大集体经济，稳步推进财政补助资金股权化改革和“三变”改革，促进“三社”融合发展。

图4-13　重庆市潼南区国家农村产业融合发展示范园

3. 安徽省合肥市庐江县国家农村产业融合发展示范园

园区概况。庐江县在2016年成功创建全国农村一二三产业融合发展试点示范县的基础上，以国家农业科技园核心区为载体，围绕做优一产、做强二产、做活三产的思路，积极创建新技术渗透型国家农村产业融合发展示范园，着力打造“五区三地一都（国家农村产业融合发展先导示范区、农业绿色发展先行区、农业科技成果展示区、美丽乡村建设样板区、新型农民创业特区，现代农业科技创新高地、新型农业经营主体孵化基地、乡村旅游目的地，种业之都）”。

典型做法。围绕品牌粮食、绿色蔬菜瓜果、农产品精深加工等主导产业，重点建设“四水”（水稻、水菜、水产、水禽）特色农产品基地，“喜洋洋”牌富硒大米、“田源”牌花香藕等28个系列产品被评为省名牌农产品和著名商标。发展烘焙食品、变性淀粉等农产品加工业。休闲农业特色明显，大力发展“艺术稻”和花海等农田文旅艺术，成功创建3A级景区。示范园引进安徽农业大学等7家大院大所，创建各类研发平台13个，其中国家级研发平台9个。实施市以上各类农业科技项目100多项（其中国家级项目6项），获得庐江花香藕等5个国家地理标志，示范推广西瓜“金兰”等近百个新品种，先后获批实用性专利28项。依托深厚的人文气息和自然风光，着力推进休闲农业和乡村旅游内部融合，已形成稻米博物馆、艺术稻、花海等农业与生态休闲旅游融合发展新业态。

图4-14　庐江县国家农村产业融合发展示范园

（六）多业态复合型

这是以产业园、综合体、特色小镇为特征的产业集聚融合模式。该模式发挥农业园区的要素集聚功能，通过发展集加工、储藏、销售、休闲观光、农事体验、科普会展、养生度假等相关产业，推动农业全环节升级、全链条增值。

1. 山东省安丘市农谷国家农村产业融合发展示范园

园区概况。安丘农谷位于山东半岛蓝色经济区和黄河三角洲高效生态经济区"两区"叠加的核心区域。规划建设中的京沪高铁东线将在安丘设站，区位优势明显。安丘生态环境良好，农业独具特色，是中国蜜桃之乡、姜蒜之乡、草莓之乡、樱桃之乡和桑蚕之乡，在全国率先启动实施了出口农产品质量安全区域化管理，被省政府和国家质检总局确定为"安丘模式"，在全省、全国推广。出口农产品总量占全省16.8%、潍坊64.2%。"三品一标"农畜产品发展到364个，其中国家地理标志产品8个。先后被确定为全国出口食品农产品质量安全典型示范区、全国农业综合标准化优秀示范市、全国一二三产业融合发展试点市、全国果菜茶有机肥替代化肥示范县、全国畜禽粪污资源化利用试点县。

总体布局。安丘农谷规划占地730公顷，计划投资120亿元，打造集农产品深加工、仓储物流、交易展览等于一体的现代农业综合体。园区规划设置"一个平台、六大功能区"。一个平台，即园区服务平台，占地23公顷，配套建设科研中心、安丘农耕电商服务平台、展示中心、培训中心、检验检测中心、农业大数据运营中心，全力助推园区发展。规划设计六大功能区：高新农业科技示范区，利用园区内现有的基本农田和一般农田，建设根茎类蔬菜技术研发中心、林果技术研发中心，引进、研发、培育、推广农业良种良法。农产品深加工区，占地约180公顷，规划建设标准化厂房，引进蔬菜、果品、禽肉等农产品精深加工项目。仓储物流区，占地约50公顷，建设集冷库仓储、冷链配送、检验检疫等功能于一体的半岛区域性农产品集散中心。产品交易区，占地约17公顷，投资9.8亿元，建设盛大农产品交易市场，为无自主进出口权的农产品加工企业提供检验检测、出口代理等"一条龙"服务。农展农文区，占地5公顷，规划建设大姜、大葱、小米博物馆，展示农耕文化。社会化服务区，占地18公顷，主要设立土壤保护修复服务中心、有机肥推广中心、农产品价格调控中心三大中心。园区设立管委会，推行一站式服务。

典型做法。加强组织领导，健全推进体系。加大政策支持，强化要素保障。统筹协调资源，加强设施配套。注重规划引领，按期推进实施。注重利益联结，促进农民增收。在示范园创建过程中，始终将农民利益放在首位，对园区内农民，

图4–15　安丘市农谷国家农村产业融合发展示范园

采用“土地流转 + 优先雇佣 + 社会保障”的方式，实现就地市民化，并探索订单协作型、股份合作型、托管服务型、风险防范型、新品提升型、品牌带动型等几种利益联结模式，增加农民收入。

2. 山东省菏泽市牡丹区国家农村产业融合发展示范园

园区概况。示范园于2017年12月批准创建，依托菏泽牡丹资源，坚持“创新、协调、绿色、开放、共享”发展新理念，大力推广牡丹育种、立体栽培技术，深度开发牡丹食品、医药品、工艺品、生活日化用品等牡丹产品，建设牡丹文化、旅游景点、医养一体化、生态民宿，推动牡丹一二三产业链条融合发展。

总体布局。依托国家级农村产业融合发展示范园、国家牡丹农业科技园区建设，着力培育引进牡丹产业延链、补链、强链企业，推动牡丹产业全链式融合发展，新增牡丹种植面积1 000公顷、深加工企业3家。坚持“稳粮、优经、扩饲”，加快推进土地流转，积极发展“一村一品”，重点打造木材加工、花卉苗木、构树种植等产业集群，加快隆起特色板块经济。

典型做法。通过技术引进、研发、推广，促进农业发展方式转变，提高牡丹产业发展核心竞争力。相继成立了牡丹学院、中国牡丹应用研究所、院士工作站等专业牡丹科研机构17个，并与20多个高等院校、科研院所建立了长期合作关系。出台了《关于加快推进牡丹产业化发展的意见》等文件，从牡丹种植、生产、加工、科研、市场开发等方面，推出12项优惠政策，全方位扶持牡丹产业。坚持“三产”联动，凝聚发展合力。在扩大种植面积、培育牡丹品种、做优“一产”的同时，加大招商引资力度，积极引进牡丹深加工龙头企业，抓好现有龙头企业建设，加快做强“二产”，并着力推进与旅游、商贸物流等“三产”的融合，加快形成完整产业链条。充分利用牡丹特色产品资源，依托淘宝特色中国·菏泽馆、田田圈等电商平台，综合运用展销、直销、网销等多种形式，通过集中仓储、统一管理、质量追溯和规范服务，实现线上线下深度融合，先后培育出以牡丹为主体的苗木、家纺、食品、陶瓷等电商企业，打造菏泽牡丹特优产品品牌和商标。

图4－16　菏泽市牡丹区国家农村产业融合发展示范园

3. 山东省平度市马家沟国家农村产业融合发展示范园

园区概况。青岛市马家沟国家农村产业融合发展示范园，占地80公顷，2017年获全国首批国家级农村产业融合发展示范园创建资格，也是青岛市唯一一个列入创建名单的示范园。以马家沟芹菜产业示范园为核心，带动4 500公顷芹菜保护区整体发展，打造集芹菜生产、深加工、贸易物流、农业观光、康养休闲、餐饮娱乐、生态度假为一体的多业态产业融合发展生态农业综合体，建成全国第一家以芹菜为主题的4A级景区，以此带动农村产业进一步融合发展。

总体布局。示范园积极探索“示范园＋种植基地＋贫困户”的扶贫模式，吸纳自身无发展产业能力的贫困户到园区打工，助推贫困户脱贫致富。以农业产业为基础，以“马家沟芹菜”为中心，以“食在平度”“农创平度”为平台，深入拓展农产品精深加工和农业观光、体验等功能，打造芹菜高附加值产品、农业嘉年华等新业态，坚持“一产”保证品质、“二产”切入高端、“三产”注重体验的总体发展思路，积极推进具有鲜明特色和竞争力的“新六产”发展，建设国内一流的农村产业融合发展示范园，促进农业增效、农民增收。示范园以“企业＋基地＋农户”的利益联结机制，带动周边农户发展芹菜种植业。

图4-17　平度市马家沟国家农村产业融合发展示范园

第五章

国家现代农业产业园

一、国家现代农业产业园的概念

为深入贯彻党中央、国务院关于建设现代农业产业园、培育农业农村发展新动能的决策部署，2017年，农业农村部、财政部批准创建了41个国家现代农业产业园。一年多来，各地坚持姓农、务农、为农和兴农的创建宗旨，切实加强创建指导，加大政策支持，推进规模化种养基地建设，促进一二三产业融合发展，建成了一批产业特色鲜明、要素高度集聚、设施装备先进、生产方式绿色、经济效益显著、示范带动有力的现代农业产业园。根据《农业农村部办公厅财政部办公厅关于开展国家现代农业产业园创建绩效评价和认定工作的通知》（农办规〔2018〕15号）要求，经绩效自评、申请认定、省级推荐、绩效评价和现场考察，决定将创建成效突出、符合认定条件的四川省眉山市东坡区等20个现代农业产业园认定为国家现代农业产业园。这些产业园成为引领农业农村现代化的排头兵和乡村产业兴旺的领头羊。

所谓国家现代农业产业园，是应中央一号文件、总理《政府工作报告》指示，以规模化种养基地为基础，依托农业产业化龙头企业带动，聚集现代生产要素，建设“生产 + 加工 + 科技”的现代农业产业园。国家现代农业产业园是引领农业农村现代化的排头兵，是推进乡村产业振兴的重要载体。各产业园要以获得认定为新起点，进一步做大做强优势特色主导产业，聚集现代生产要素，创新农民增收利益联结机制，打造新农民创新创业孵化平台，示范带动省、市、县梯次建设现代农业产业园，形成以产业园为主要抓手推进乡村产业振兴的工作格局。

各地立足县域资源禀赋，突出优势特色主导产业，推进“生产 + 加工 + 科技 + 品牌”一体化发展，集中连片建设生产基地，引导农产品加工产能向产业园集中集聚，推动农产品就地就近转化增值，不断提升种养规模化、加工集群化、科技集成化、营销品牌化的全产业链开发水平，加快建设一二三产业融合、产业链条相对完整的现代农业产业园，让农民更多分享二、三产业增值收益。各产业园要加强中央财政资金监督管理，强化绩效评价，加快预算执行进度，严禁挤占挪用，确保资金安全有效使用。对中央财政奖补资金形成的结余，要按规定予以收回。

据初步统计，目前我国已有河北、江苏、江西、陕西、贵州、四川等20多个省开展了农业园区建设工作，主要类型包括农业科技园区、现代农业示范园区、农产品加工园区、设施农业园区和休闲观光园区。与各地园区创建不同，此次中央强调的现代农业产业园，突出了规模化生产、加工、营销协调发展，强调的是产加销一体化、全环节升级、全链条增值，和农民分享二、三产业增值收益，与传统园区有很大的区别。

现代农业产业园建设必须“姓农、务农、为农、兴农”。产业园“姓农”，就是要以农为本，突出农业特色，不能异化走样。产业园“务农”，是要围绕农业干，服务农业、农民。产业园“为农”，就是产业园要为农民建，带动农民增收。建设产业园，不能只追求产值，产值大不带动农户不行，鼓励农民合作入股，才是产业园的发展方向。产业园“兴农”，是要吸引和集聚现代要素，打通先进生产力入园的通道，全面激活市场、激活要素、激活主体，促进产业集聚、企业集群发展，把产业做大，使农民增收，这是根本目的。

二、国家现代农业产业园的申报标准

现代农业园区是以技术密集为主要特点，以科技开发、示范、辐射和推广为主要内容，以促进区域农业结构调整和产业升级为目标。不断拓宽园区建设的范围，打破形式上单一的工厂化、大棚栽培模式，把围绕农业科技在不同生产主体间能发挥作用的各种形式，以及围绕主导产业、优势区域促进农民增收的各种类型都纳入园区建设范围。

申报创建国家现代农业产业园，应达到以下条件：一是主导产业特色优势明显。主导产业为本县（市、区）特色优势产业和支柱产业，在本省区乃至全国具有较强的竞争优势。二是规划布局科学合理。已制定产业园专项规划，并经所在地县级或以上政府批准同意，明确了产业园发展布局和区域范围。三是建设水平区域领先。产业园生产设施条件良好，高标准农田占比较高，主要农作物耕种收综合机械化率高于本省平均水平，生产经营信息化水平高。四是绿色发展成效突出。种养结合紧密，农业生产清洁，农业环境突出问题得到有效治理，“一控两减三基本”全面推行并取得实效。五是带动农民作用显著。产业园积极创新联农带农激励机制，推动发展合作制、股份制、订单农业等多种利益联结方式，推进资源变资产、资金变股金、农民变股东，农民分享二、三产业增值收益有保障。六是政策支持措施有力。地方政府支持力度大，统筹整合财政专项、基本建设投资等资金用于产业园建设。七是组织管理健全完善。产业园运行管理机制有活力，方式有创新，有适应发展要求的管理机制和开发运行机制。

三、国家现代农业产业园的典型代表

（一）产业有优势具特色，成为农村三产融合发展样板区

各产业园做大做强优势特色主导产业，引领乡村产业兴旺。创建过程中，各产业园立足当地资源禀赋、发展水平、产业特点，科学选择优势特色主导产业，加快推进种养规模化、加工集群化、科技集成化、营销品牌化，全产业链开发格局基本形成，一二三产业融合发展水平全国领先。

1. 福建省安溪县现代农业产业园

安溪县现代农业产业园在创建中进行了深度规划，致力于打造铁观音产业大格局，花大力气促进茶产业向茶机械、茶包装、茶配套、茶创意、茶食品及精深加工等领域延伸，2018年涉茶总产值达106亿元，比2017年增长9.1%。

安溪地处福建省闽南金三角，是“中国乌龙茶（名茶）之乡”，名茶铁观音的发源地，全县茶园总面积4万公顷，茶叶总产量6.8万吨，涉茶总产值115亿元。多年来，安溪茶产业取得了长足的发展，创下了县级茶园总面积、年茶叶总产量、涉茶总产值、茶叶从业人员、受益人口、农民从茶叶中获得的收入比例等多项全国第一，从过去一个国家级贫困县发展成为全国经济百强县、福建经济十强县。

经中国茶叶流通协会组织行业评定，安溪县连续6年位居全国产茶县第一位。

安溪国家现代农业产业园规划创建区域面积为1 154.52平方千米，涵盖西坪、虎邱、龙涓、尚卿等7个茶叶主产乡镇，园区农业人口42.83万。创建区茶园共有1.57万公顷，占全县茶园面积的40%，囊括茶叶种植、加工、销售、物流、研发、人才、配套等全产业链区域，呈现出既“长块头”又“壮筋骨”的良好建设局面。该产业园主产业（茶产业）发展水平居全国领先水平。

安溪县突出茶叶全产业链现代化建设提升，在茶园管理、茶叶生产、茶叶精深加工、特色茶庄园建设、卫生质量管控、茶业经营体制改革、金融支农等产业链各个环节开展现代化提升建设，促进安溪县特色茶产业可持续发展机制的不断提高与完善，示范、引领全国茶产业发展。

支持茶山生态修复工程、茶园去化学农药化工程、县域农产品质量安全检验检测平台建设提升、探索建立茶叶产区分级机制等。支持安溪茶产业云平台、数字地标监管平台、县域农资监管和物流追踪平台、茶都交易市场一品一码标准化改造等。支持安溪铁观音品牌宣传推广、开展安溪铁观音大师赛等活动。

支持开展芦田茶叶特色小镇建设，打造以“国营老茶场，引领新传奇”为主题的云岭茶庄园。支持现代农业产业园协同创新中心、安溪茶叶气候品质认证与监测体系、县域茶山茶园收储与交易体系、茶叶种植保险、茶产业发展专项资金等。

图5–1　安溪县现代农业产业园

财政支持股权量化等新型农民利益联结机制试点工作，坚持“政府引导、市场运作、企业管理”的原则，充分发挥财政资金的扶持作用。

2. 四川省眉山市东坡区现代农业产业园

眉山市东坡区现代农业产业园大力建设泡菜原料新品种繁育试种基地、泡菜原料标准化生产基地、泡菜农耕文化体验基地，2018年，园内蔬菜种植面积达1万公顷，新增7家省级龙头企业，主导产业集中度达78%，年加工泡菜原料170万吨，占全国泡菜市场份额的三分之一。

“中国泡菜城”位于眉山城区岷江东岸，涵盖12个乡镇，耕地总面积2.4万公顷，已建成泡菜原料生产基地9 000公顷，良种覆盖率达98%，获得“三品一标”产品认证119个。年种植收入7.7亿元，农民年人均可支配收入达20 470元，比园区外高出33个百分点。

科学规划“一中心、六基地”产业布局，做到了城镇、产业、交通、新农村、土地利用和经济社会发展规划有机衔接；园区农村土地使用权确权率100%，确权面积35万亩；园区入驻泡菜企业60家，规模以上企业24家，2016年泡菜加工量152万吨，实现产值180.7亿元。以泡菜加工为龙头，原料基地、龙头企业、博览展销、文化旅游一体发展，实现六个“全国第一”：全国第一个规模最大、功能最全、工艺最新的泡菜产业园区，全国第一个国家级泡菜质量监督检验中心，全国第一个泡菜产业技术研究院，全国第一个中国泡菜博物馆，全国第一个泡菜行业标准，全国第一个泡菜行业4A级景区。

产业园推动“四种模式”完善利益联结分享。“企业 + 农户”为主的订单合同型联结模式：全面推行订单农业，园区泡菜原料种植订单率90%以上，带动12万农户增加收入3.06亿元；“企业 + 基地 + 农户”为主的流转聘用型联结模式，龙头企业建种植基地，农民在获得土地流转金的同时，可以在基地务工，也可以进企业务工，园区农民常年务工和季节性务工2.6万人，年实现务工增收8.6亿元；“合作社 + 农户”为主的服务协作型联结模式，统一农技知识、农资购买、农机服务、质量标准、销售，按股分红、利益共享、风险共担。“综合体 + 农户”为主的“三产”带动型联结模式，安置从事园林、环卫、劝导等公益岗位，带动农民从事餐饮、旅游电商、物流、运输等泡菜上下游产业，切实增加收入。

坚持土地流转，创新土地信托流转模式，由政府出资成立农村土地流转服务公司，引导农民先将土地进行预流转，经打包整理后再集中对外引进业主，发展适度规模种植。依托中国泡菜城，建设泡菜风情街、美食街和文化广场，连续8年成功举办中国泡菜博览会，创建国家4A级景区，推进电商创业创新和上下游产业发展。

3. 河南省正阳县现代农业产业园

正阳县现代农业产业园在1.13万公顷耕地上种植优质花生1.1万公顷，带动全县种植花生11.3万公顷，辐射周边市县种植花生近66万公顷。产业园相继引进君乐宝、鲁花两个国家品牌计划龙头企业，以及花生天地、正花食品、正味粮油、维维粮油等以花生油、休闲食品、花生饮料、花生蛋白、花生保健食品为主的深加工企业在园内汇聚，形成了龙头带动、品牌集中、品类齐全的加工体系，园内花生加工企业已达30家，花生机械生产企业38家，君乐宝乳业延伸产业链，建成了260多公顷的乐源观光牧场。

正阳县围绕“小花生、大产业”的目标，以做大、做强花生产业作为调整农业结构的主攻方向，积极扩大花生种植面积，全县花生种植面积常年保持在1.13万公顷左右，单产达到300千克，总产量超50万吨。国家统计局多次授予正阳县“全国花生种植第一大县”“全国油料生产百强冠军县”“全国花生生产第一大县”等荣誉称号；正阳花生连续两届被评为“河南省名牌农产品”，国家质检总局批准其为国家地理标志保护产品。

培育“四个基地”：花生标准化生产基地、花生食品精深加工基地、农村一二三产业融合发展基地、花生全程机械化示范基地；建设“六个中心”：良种繁育中心、花生制品加工中心、检验检测中心、研发与双创孵化中心、电商物流中心、花生文化展览中心。

立足实际，整合资源，将产业园建成“世界一流、全国领先、全省样板”的国家现代农业产业园。完善花生产业体系、生产体系、经营体系，产业集群发展水平显著提高，现代农业产业发展要素集聚明显升级，绿色发展生态保护持续有力，规模集约经营水平显著提升，园区公共服务体系不断强化，辐射带动更加有力。

科学规划布局，按照“整合项目、集中打造、连片推进、资源共享”的工作思路，打造国内一流的高标准花生种植基地，加强田网、渠网、路网等基础设施的建设。

建好土地流转平台，加快流转步伐，将园区内60%以上的土地进行有序流转，实现规模化经营。制定出台新型经营主体优惠政策，培育3～5家高标准新型农业经营主体，助推现代农业产业园新主体、新业态、新模式蓬勃发展。鼓励农业龙头企业、农民专业合作社开展标准化生产、品牌化创建，形成市场竞争力。

依托花生原料资源，进一步加大招商引资力度，大力发展花生食品产业，以花生休闲食品、花生油脂、花生饮料、花生保健食品为主攻方向，引进、培育若干家龙头企业，打造全国重要的花生食品加工基地。

注重花生文化与正阳文化相融互动，在园区建设上增添花生文化元素，建设花生主题公园和花生博物馆，办好每年一届的“互联网＋花生”产业高峰论坛。

建立花生检测中心，加快制定正阳花生生产各项标准和操作规范，严密监测农药残留、重金属含量、黄曲霉毒素污染等质量指标，确保质量安全。成立院士工作站，在组建河南省花生产业技术体系正阳县综合试验站的基础上，申报加入国家花生产业技术体系，完成产业园所有创建工作。

4. 黑龙江省五常市现代农业产业园

五常市现代农业产业园依托优势特色水稻产业，通过多种稻米精深加工，延伸产业链、提升价值链、完善利益链。目前，园内水稻种植面积达2万公顷，全部实现自动化、精准化、标准化、生态化，“稻米观光＋稻米体验＋稻米加工＋稻米品鉴＋稻米营销”的全产业链开发格局已经成型。

五常市现代农业产业园总面积3万公顷，是水稻生产核心区，共涉及10个乡镇38个行政村，人口30.6万，其中，农业人口12.6万。2018年新建数字农业示范园3 300公顷、有机精准农业种植基地800公顷。已实现绿色水稻种植全覆盖，有机水稻种植面积1.3万公顷，有机食品认证个数达到59个，绿色食品认证个数达到58个，绿色、有机认证农产品比重达100%。在发展水稻产业的同时，产业园大力发展观光农业、体验农业等农村“三产”。建设休闲农业示范基地50多个，年接待游客4.6万人，实现收入5 000万元，形成了集有机水稻种植、加工、观光娱乐、餐饮、科普等于一体的生态农业观光模式。

为发挥现代农业产业园的辐射带动效应，五常市在园内探索并推广了“企业+基地”“企业+农户”“企业+合作社”“合作社+企业”4种联农带农利益机制，联结农户3.14万户，2018年园内农民人均纯收入达到22 928元，高于当地农民平均水平30.2%。五常市国家现代农业产业园已初步构建四季全产业链开发体系，缔造五常稻米农业旅游品牌，一二三产业得到深度融合。在2017年发布的“中国品牌价值评价信息”榜单中，五常大米品牌价值670.7亿元，位列地标品牌大米类全国第一。

图5-2　五常市现代农业产业园

5. 湖北省潜江市现代农业产业园

潜江市现代农业产业园坚持“好水好虾好稻”理念，通过政府引导、园区创建、市场主导、农民参与，建成标准化虾稻基地4.7万公顷，虾稻共作模式已经成为现代农业“小粮仓、小银行、小水库和小肥厂”的“四小”典范，种稻养虾相得益彰，绿色生态变成了优质优价。

潜江市依托农业产业化龙头企业带动，聚集现代农业生产要素，高标准建设虾—稻现代农业产业园，构建一二三产业融合发展的全产业链，获得了“中国虾稻之乡”“中国小龙虾之乡”“全国小龙虾加工出口第一市”等荣誉称号，促进了农业农村经济的快速发展。现代农业产业园以潜江虾—稻主导产业为主，高质量打造现代农业新模式。

聚焦现代产业园区“产业融合、农户带动、技术集成、就业增收、引领农业供给侧结构性改革、加快推进农业现代化”的核心功能，结合虾—稻产业优势、发展潜力、经济区位、环境容量和资源承载力，构建“两区一基地”。两区：科技创新和综合商务区（核心区），产业集聚与产城融合发展区（示范区），一基地：绿色高效“虾—稻共作”标准化种养基地（辐射区）。

虾—稻共作是潜江市经过16年实践探索，实现稳粮增收的支柱产业。为了将虾—稻产业做大、做强、做优、做活，当地以产业园建设为载体，将政策、服务、资金、人才和管理等资源加以聚集，推进农业生产规模化、标准化、生态化、产业化、机械化，推动农业一二三产联动，积极拓展农业多功能作用，提高农业经营效益与效率。

以虾—稻产业园为依托，统筹谋划，采取精准有效措施，抢占种苗制高点、模式制高点、技术制高点、加工制高点、品牌制高点、市场制高点。建成全国最大的虾—稻产业科技创新中心、龙虾种苗繁育中心、小龙虾交易平台、小龙虾加工产业园，引领全国虾—稻产业健康发展。重点建设基础设施提升工程、科技创新平台、虾—稻加工商贸物流基地、现代农业服务能力提升工程、虾—稻产城融合特色小镇等。推动虾—稻加工龙头企业采取多种形式与虾—稻种养专业合作组织有效对接，引导合作社社员入股龙头企业。

潜江市通过建设标准化虾—稻共作生产基地，提升技术装备水平，培育壮大新型农业经营主体，发挥国家级龙头企业带动作用，发展虾—稻特色餐饮、旅游和小龙虾文化，推进一二三产业融合发展。

6. 湖南省靖州县现代农业产业园

靖州县现代农业产业园依托杨梅、茯苓两大主导产业，采用大基地、大加工、大营销和大融合方式，大力发展农产品加工业、休闲农业与乡村旅游，先后建设了杨梅生态博物馆、后山溪杨梅观光园、飞山文化旅游区、木洞响水杨梅生态园等休闲旅游点以及大批农家乐、农家民宿等，形成“接二连三”“跨二进三”的产业融合发展新业态。

靖州县现代农业产业园面积1.3万公顷。2016年园区共入驻企业21家，其中国家级龙头企业1家、省级龙头企业5家；农民专业合作组织69家、种养大户668户、家庭农场157家，基本上形成了产加销、科工贸于一体的新兴产业业态。产业园突出体现规模种植、加工转化、品牌营销和技术创新的发展内涵，突出技术集成、产业融合、创业平台、核心辐射等主体功能，加快靖州杨梅、茯苓主导产业转型升级。聚焦主导产业、构建产业集群、集聚现代要素、遵循绿色发展、带动农民增收，逐步将产业园打造成为集标准化、规模化种植生产，产品加工、研发、检测、物流、商贸、交易、旅游等为一体的知名园区。

2018年，园区实现生产总值116.49亿元，园区农民人均可支配收入达到1.76万元。建成杨梅基地4 733公顷，其中标准基地4 100公顷，茯苓种植基地2 800公顷，主导产业综合产值达到94.75亿元。园区争创国家驰名商标1个、著名商标12个、名牌产品4个，“三品一标”产品认证比例提高20%；发展互联网+、冷链物流，建立电子商务网点80家，着力构建覆盖全国的农产品销售网络。

靖州紧紧依托茯苓、杨梅等特色资源，按照“四化两型”的要求，大力发展以特色资源为基础、特色产业为支柱、骨干企业为主体、市场为依托的特色经济，形成了“产、供、销、贸、工、农”一体的特色产业体系，先后获得了国家现代农业示范区、省特色县域经济农副产品加工（杨梅、茯苓、山核桃）重点县、省一二三产业融合发展（杨梅）试点县、省级重点现代农业综合园、省第一批产镇融合——杨梅小镇等发展平台，初步形成了以杨梅、茯苓产业为主导的现代农业产业园区。

图5-3　靖州县现代农业产业园

（二）集聚各类生产要素，成为现代技术与装备集成区

各产业园通过聚集科研、市场、资本、信息、人才等现代生产要素，推进农科

教、产学研大联合大协作，推广应用先进技术和装备，形成了科技成果转化应用有效机制。同时加大政策优惠力度，设立创新创业基金，大力开展创业孵化，吸引大学生、返乡农民工、复员转业军人等实用人才入园创业创新。

1. 山东省金乡县现代农业产业园

金乡县现代农业产业园拥有世界首台智能大蒜精量播种机，每天可播种大蒜3公顷多，相当于200名劳动力的工作量，彻底改变了传统大蒜播种劳动强度大、种植效率低的局面。大蒜覆膜、收获、植保、水肥一体化等先进装备已在园内大面积推广应用。此外，产业园通过品牌优势，聚集了全国70%的大蒜到金乡交易。

产业园立足大蒜主导产业，以树立全国大蒜产业创新驱动发展新标杆为目标，以推进基地支撑、产业融合、链条延伸、产品升级为方向，突出生产、加工、物流、科研、文化、示范、服务等功能板块，规划布局“一心、双轴、四区”，构建包括绿色优质大蒜种植业、大蒜特色产品加工业、现代农产品物流业、农业休闲旅游业和战略性新兴产业等五大产业为一体的大蒜产业群，主要建设国际蒜都中心（研发中心、检测中心、大数据中心、电子交易中心、展示展览中心等）、绿色标准化种植基地、农业主题公园、蒜都小镇、现代冷链物流、大蒜精深加工、大沙河生态治理等项目。按照“一年有起色、两年见成效、四年成体系”的要求，实施三大机制创新、四大模式创新、六大建设任务，到2020年基本形成技术装备先进、资源要素聚集、经营规模适度、一二三产融合、数量质量效益并重、生态环境可持续和农业竞争力提升的农业现代化发展格局。

产业园内规模以上大蒜加工企业已达128家，深加工企业76家；组建专业合作组织56家、家庭农场82家，农民参加合作社的比重达到82%，让农民充分享受了产业园的发展成果。年加工大蒜80万吨，农产品加工转化率达91%，产值65亿元。

扶持农业企业做大做强，发挥龙头企业在全产业链中的纽带作用，建基地、做加工、搞销售，串联整个大蒜产业链，为大蒜产业提供强力引擎。金乡县推进新技术、新设备和新工艺的引进与改造，开发以大蒜为主的功能性食品和药食同源产品，建设规模化、标准化大蒜保健品、药品开发基地，使大蒜衍生产品的加工层次更加分明、生产档次提高。

建立健全产品物流体系，改造升级传统物流模式，以区域农产品物流中心、龙头企业配送网点为重点，发展冷链物流，建成恒温库2 300余座，贮藏能力260万吨。开发农产品物流园质押融资功能，打造农产品供应链金融融资平台，实现农产品资本化，激活农业产业链融资通道，有效解决入园企业融资难题，增强产业园发展的内生动力。

2. 吉林省集安市现代农业产业园

集安市是中国人参之乡、全国边条参唯一产区，素有“国参故里”的美誉。集安人参现代农业产业园也是全国人参种植基地面积最大、精深加工能力最强、林下山参交易规模最大、人参创新成果最丰富的产业园，规划面积2.9万公顷。目前，集安市已开发人参医药、保健品、食品、化妆品四大系列600余个深加工产品，人参根、茎、叶、花、果全部开发出国药准字号产品。

为推动人参产业发展，产业园全面实行测土栽参，加强可追溯体系建设。种植基地采用GAP（中药材生产质量管理规范）、有机种植、“长白山人参”品牌原料等技术规范，从源头保证人参质量安全。已建成GAP基地400公顷、有机人参基地530公顷、“长白山人参”基地90公顷，被评为国家级人参标准化生产示范市。“集安边条参”被批准为地理标志证明商标、地理标志产品，“益盛汉参”牌

图5–4　集安市现代农业产业园

人参及其制品被认定为生态原产地产品。

产业园探索建立了“龙头企业 + 基地（合作社、村委会）+ 农户”联结机制，集聚人参新型经营主体392户，其中国家级龙头企业2家、省级5家、市级13家；人参专业合作社90个，种植大户21户。产业园注重传承弘扬人参文化，与高句丽文化等旅游资源融合互动，开发了多款人参文化旅游产品。已建成国内独家野山参博物馆，拥有两项与人参相关的非物质文化遗产，制作了《国参传奇》《参娃与天池怪兽》等动漫产品，打造了“清河野山参节”“人参美食大赛”等节庆活动，开辟了“人参之路”旅游线路，年接待游客150万人次。

3. 江苏省泗阳县现代农业产业园

泗阳现代农业产业园以“江苏唯一、全国第五”的成绩被命名为首批国家现代农业产业园创建单位，同年12月又成功入选首批国家农村产业融合发展示范园创建单位。

泗阳现代农业产业园规划面积8 500公顷，涉及11个村居，7.8万人口。

成立之初，园区聘请南京农业大学、原农业部规划设计院对总体规划进行修编，明晰了“江苏一流、全国有名”的目标定位，着力构建以设施蔬菜（食用菌）为主、以特色水产（成子湖青虾）和精品桃果为副的“一主两副”产业格局。围绕“江苏一流、全国有名”目标定位，科学布点生产、研发、示范、服务等功能板块，着力打造“234”空间布局。“2”即构建成子湖岸线和盐徐高速沿线两个生态景观长廊；“3”即培育设施蔬菜（食用菌）、特色水产、精品桃果三个产业集群；“4”即改造提升综合服务中心、设施蔬菜科技研发中心、特色水产研发中心和加工物流中心。通过聚龙头、扩基地、兴产业，园区共入驻蔬菜、桃果、水产等农业龙头企业23家，培育国家高新技术企业2家，建成国家级、省级工程技术研究中心6个，建成省级园艺标准园13个。2016年，园区实现总产值27亿元，其中三大产业产值达18.9亿元。

园区坚持“生态优先、绿色发展”的理念，积极推广节肥、节药、节水技术，探索“农作物—食用菌—沼气—有机肥”等10多种综合利用模式。全面推行农业标准化生产和全程质量控制，实现无公害农产品全覆盖，“洪泽湖青虾”获批农产品地理标志登记产品。

泗阳现代农业产业园坚持三产联动、融合发展，围绕三大产业链条前延后展进行招商引资，初步形成了生产加工、销售物流、科技研发、休闲旅游、示范引领等功能板块和产业集群发展格局，农业产业化经营超过80%，主导产业加工转化率达到50%。以休闲农业、农村电商等为代表的新产业新业态正在不断发展壮大，园区年总接待游客超过65万人次，带动全县建成4 062家网店和583家网络销售企业。

4. 浙江省慈溪市现代农业产业园

慈溪现代农业产业园总面积1万公顷，覆盖慈溪市现代农业开发区及周边5个镇部分区域，涉及农业人口9.5万，是浙江省集中连片规模最大的现代农业综合区。

现代农业产业园形成“一核两带四区块”的规划布局。“一核”指新慈湖农业新型业态核心区，成为产业园的创新中心、人才中心、服务中心、信息中心和休闲中心。“两带”指以中心横路为轴线，两侧集中布局优质粮食带和精品蔬果带。乡村振兴规划“四区块”，即生态畜禽区，点状布局蛋鸡、肉牛、奶牛、生猪等生态畜禽项目，推行规模化、标准化、生态化养殖模式，形成农牧结合的生态循环农业发展格局；健康食品加工物流区，以产业园及周边主导产业为原料，建设加工物流基地，构建上下游一体的产业格局；农业智能装备区，引进世界500强企业，合作建设亚洲最大的农牧业机械制造基地；高新农业创业区，搭建“创客”平

图5-5　慈溪市现代农业产业园

台，引入科研团队，打造成科研人员成果转化和大学生“双创”的孵化区。

园区内“四横七纵”的道路框架初步形成，基础设施建设基本到位，其中高标准农田占比达到近八成，土地规模经营率高达87%。初步形成农牧结合、稻鱼共生、立体种养等生态循环格局。园区内有“三品一标”农产品56个，实现无公害农产品全覆盖，“慈溪葡萄”是国家地理标志农产品。2016年产业园农民人均可支配收入40 850元，比周边农民高38%。辐射周边2万公顷种植区域，带动农户增收超3亿元。为进一步强化科技支撑，该园区已与浙江大学、上海交通大学等7家大专院校、科研院所建立了紧密型战略合作关系，建成博士后工作站1个、国家级企业技术中心1个。

5. 山东省栖霞市现代农业产业园

栖霞市国家现代农业产业园于2017年9月被农业部、财政部批准创建，是以苹果产业为重点的现代农业产业园，被列入山东省新旧动能转换重大工程重点建设项目。产业园空间布局为“两片四园”，即划分为南北两个片区，总占地面积150.8平方千米，涉及179个行政村，38 886户，108 716人。其中南片包括4个镇，总面积132.4平方千米，充分发挥科技研发、苗木培育、规模化和标准化种植等优势，建设苹果标准化种植园1.1万公顷。北片包括2个镇街，总面积18.4平方千米。

产业园以推进农业供给侧结构性改革为主线，以推动苹果产业转型升级、提高质量效益和国际竞争力为目标，按照“两片四园”的空间布局和“两基地两区”的功能定位，规划重点建设项目七大类25个。“两基地三区”，即建设苹果特色优势生产示范基地、苹果加工物流现代科技引领集成基地，建设苹果一二三产业融合发展先导区、新型经营主体创业创新孵化区和现代农业示范核心区。按照“一年有起色、两年见成效、四年成体系”的要求，2017～2018年为产业园重点创建期，2019年为完善期，“十三五”末完成各项创建工作，通过国家现代农业产业园认定及验收。

园区采取“公司＋党组织＋合作社＋农户”的机制运行，由公司负责统一耙地、耕地，并提供树苗、肥料等生产物资及进行技术管理支持。39个村级党组织率先组建了专业合作社，通过选举选出了合作社理事长、监事长，负责合作社土地流转及日常管理工作。现代农业产业园的建设将颠覆传统的苹果种植模式，建设过程中重在提高苹果种植的机械化水平，使园区苹果生产机械化率从75.88%提高到80%。

（三）深入践行新发展理念，成为农业绿色发展引领区

各产业园坚持把绿色发展理念贯穿创建全过程，大力推广应用精准施肥、生物防控、节水灌溉等绿色生产技术和秸秆就地还田等废弃物综合利用模式，促进资源利用和环境治理协同发展，推动农业生产由增产导向向提质导向加速转变。产业园绿色低碳循环发展长效机制基本建立，农药化肥使用量实现零增长，畜禽粪污综合利用率达到80%以上，绿色、有机、地理标志农产品认证比例达到80%以上。

1. 陕西省洛川县现代农业产业园

洛川县现代农业产业园探索家庭农场种养循环、大型养殖与散户对接循环、果园废弃物循环利用等模式，推进果业绿色循环发展。支持园内企业实施“果、草、畜、沼、水”五配套生态循环模式，建成有机肥加工厂6家，年生产有机肥15万吨，化肥和农药使用量均降低5%以上。同时引进枝条生物质发电和反光膜铝塑分离厂，年回收枝条30万吨、废旧反光膜5 000吨，果园农业面源污染得到有效治理。

图5-6　洛川县现代农业产业园

洛川县是全国著名的苹果之乡，苹果总面积3.3万公顷，2016年苹果总产量88万吨，鲜果总收入40亿元，农民人均苹果纯收入14 285元，连续5年收入过万元。同时，在乡镇建成特色现代农业园区22个，建成苹果储藏冷库712座，储藏能力40万吨，建成果饮、果干、果袋等加工企业91家，年产值达7.2亿元。

2. 黑龙江省宁安市现代农业产业园

宁安市现代农业产业园，标准化、规模化瓜菜生产园区达到21个，渠路全面配套，喷灌、滴灌实现全覆盖，水肥一体化面积达3 000多公顷，绿色、有机、地理标志农产品认证比例达100%，成为我国对俄、朝、韩三国重要的出口蔬菜生产基地之一。

宁安素有“远东菜篮子”之称，瓜菜是全市的传统优势产业和农民增收的重要支撑。宁安是黑龙江省对俄蔬菜出口基地和“北菜南销”基地，产业园是基地的核心区。在产业板块中，规划了“一心一区一基地”的功能布局，即科技创新服务中心，仓储加工物流集聚区，多功能大基地，包括对俄果蔬核心生产基地、特色精品西甜瓜生产基地、瓜菜休闲农业示范基地。

围绕农业供给侧结构性改革，调优产业结构、调好生产方式、调顺生产关系，延长瓜菜产业链，提升价值链，构建惠农带农长效机制，建成技术集成、产业融合、创业平台、核心辐射等多功能现代农业产业园，带动宁安农业由“远东菜篮子”向生态大厨房、大庄园，特色农业向品牌农业、精品农业升级。

以初加工提档次、精深加工上规模、创品牌为重点，壮大瓜菜精深加工产业群体；以设施化、配套化、智能化、规模化为方向，提升基地生产管理水平。同时，促进“三产”深度融合。积极发展休闲观光农业，创新营销模式，完善物流体系，推进瓜菜产业全链开发、融合发展。

图5-7 宁安市现代农业产业园

3. 内蒙古自治区扎赉特旗现代农业产业园

扎赉特旗是兴安盟大米的主产区，水稻种植面积达5.3万公顷，年产稻米42万吨，是国家重要商品粮基地。

自创建国家现代农业产业园以来，扎赉特旗以国家现代农业产业园创建为契机，大力发展水稻、旱作水稻、甜叶菊等优势特色产业，全力打造智慧农业、科普教育、社会化服务和产权交易四大平台，实施科技创新引领、绿色提质增效、数字化生产示范、新型经营主体培育和品牌建设五大工程，把产业园打造成一二三产真正融合、产加销无缝对接的现代农业产业园，为实施乡村振兴注入了新动力。

产业园核心区主要由产业融合发展示范基地、甜叶菊智能育秧基地和物联网+智慧农业科技服务中心三部分组成，具有智能管控、乡村旅游、科技培训、育种育秧和信息化服务等多种功能，成为引领全内蒙古、面向全国的现代农业发展新高地。依据各村资源禀赋和产业发展现状，坚持统筹布局、因地制宜、基础完备、特色鲜明的原则，确定10个各具特色的重点村，发展包括农业机械化信息化、乡村休闲旅游、种子种苗培育、构建稳定长效脱贫机制等方面，形成了各具特色的产业格局，引领带动产业园整体发展。依托内蒙古粳稻优质品种科技研究所，打造水稻种质资源圃，成功繁育出系列水稻优质品种10余个，推广种植面积达到2万公顷，为水稻产业全产业链发展提供了优良的种质支撑。按照“一控两减三基本”的要求，实施内蒙古绰勒水利枢纽下游灌区工程，大力推广水稻旱作等节水技术，水资源利用总量得到有效控制；通过深翻深松、增施有机肥、粮豆轮作

图5-8　扎赉特旗现代农业产业园

等技术措施，土壤质量得到有效提升；通过统防统治、绿色防控等技术措施，农药使用总量得到有效控制，利用率显著提升；整合实施了农作物秸秆综合利用、地膜残膜回收利用和畜禽粪污综合利用等试点项目，农作物秸秆、地膜残膜、畜禽粪污综合利用率均达90%以上。

4. 黑龙江省庆安县现代农业产业园

庆安县现代农业产业园，定位稻米全产业发展，聚焦绿色有机精准发力，秸秆造纸、生物质发电、酵素叶面肥生产、秸秆收储运、土壤修复碳基肥等多种形式的农业废弃物资源化利用全面开展。

庆安以推进农业供给侧结构性改革为主线，以提高稻米产业核心竞争力为目标，优化布局、集聚要素、集成科技、绿色发展，建有机水稻基地，拓产业开发链条，展品牌价值空间，促农民增收致富，实现产业体系强、生产体系优、经营体系活，走出农民增收、农业提效、产业振兴的融合发展之路，打造全国粮食主产区农业现代化的庆安样本。

打造升级高标准农田，提高全程机械化水平，建设智慧农业可追溯系统，打造5个高标准智能集中育苗科技园区，创建2万公顷有机航天稻生产基地；做大做强稻米加工产业，组建米企联盟，打造稻米加工超级“航母”。综合利用稻草、稻壳、米糠，吃干榨净，延伸产业链。加快稻米功能食品开发，拓展保健功能，提升产业链价值；全面推广鸭稻共育、节水控灌、秸秆还田等技术，实现化肥、农药零投入，助力可持续发展。

园内拥有国家级龙头企业1家、省级7家，实现了优质大米、米糠制油、碎米酿酒、稻壳发电等全产业链开发利用，2016年水稻种植加工产值29.1亿元，占产业园总产值的72.2%；二、三产业产值占产业园总产值的79.9%。建有院士工作站、博士工作站各1处，农业创新创业平台9个，拥有省内知名企业家21人、优秀经营管理人才107人；航天食品研发基地、袁隆平稻作研究中心落户庆安。

5. 江西省信丰县现代农业产业园

信丰县现代农业产业园把脐橙产业作为富民产业，通过推广无毒化栽培、绿肥套种、水肥一体化、整形修剪、病虫害综合治理等标准化生产技术，使脐橙生产朝标准化、优质化、集约化和绿色高产高效方向发展。果园水肥一体化率达

65%以上，生态标准化率达80%，有机肥替代化肥试点达60%，测土配方施肥覆盖面达到了90%。

信丰是著名的中国脐橙之乡，赣南脐橙的发源地，先后荣获“中国脐橙之乡”“脐橙出口基地县”“脐橙原产地保护标识““全国唯一脐橙标准化示范区”等称号。脐橙种植面积1.6万公顷，有果业合作社126家，6.5万贫困人口依靠脐橙产业走上了脱贫致富路。

采用“政府+金融+保险+贫困户”四位一体的精准扶贫模式，统一品种、统一技术、统一管理、统一品牌、统一销售的“五统一”方式，结成产业利益共同体，辐射带动贫困户参与发展脐橙产业。采取入股、租赁、转让、调换等多种形式，加快山地经营权流转，既让贫困户以土地入股等形式参与脐橙开发，又破解脐橙产业发展用地难题。

招大引优、转型升级，积极对接跟进一批科技含量高、辐射带动能力强的大企业、大项目，引进一批“增链、强链、补链”的脐橙产业链配套企业。以农业供给侧结构性改革为契机，以国家现代农业示范区建设为平台，统筹建立脐橙产业体验园、休闲旅游观光园、产业综合服务站等，提升经营管理和产业发展水平，大力推进脐橙产业“二优化三提升”工程，即品种结构优化、种植模式优化，柑橘管理水平大幅提升、柑橘品质大幅提升、品牌知名度大幅提升，打造赣南脐橙特色小镇。利用赣南脐橙产业园进驻的时机，打造成为中国优质脐橙集散基地、赣南脐橙“三品一标”认证示范基地、全国休闲农业与乡村旅游示范镇。

图5-9 信丰县现代农业产业园

（四）创新利益联结机制，成为联农带农增收示范区

各产业园积极探索联农带农增收模式，创新利益联结机制，让农民就近就地就业，更多分享产业增值收益，日子越过越红火。

1. 贵州省水城县现代农业产业园

水城县现代农业产业园把国有公司、村集体、企业、农民连成一个共同体，形成村企联合、产业连片、基地连户、股份连心、责任连体的“五连模式”，成为带动农民脱贫致富的示范样板。水城县国家现代农业产业园涉及5个乡（镇、街道办），规划区域总面积675.47平方千米。园区总体定位为中国喀斯特山地特色农业产业园。

按照“一带、一园、三区”进行规划布局。通过建设百里猕猴桃观光带、科技文化示范园和加工物流与品牌展销区、喀斯特现代生态农业生产区、生态涵养区，集聚各类资源要素，促进一二三产融合发展，打造“中国红心猕猴桃产业第一园”。一带，即百里猕猴桃观光带：以猕猴桃、茶叶为主，挖掘农业生态价值、区域文化价值，沿道路两旁视野开阔区域，建设节点景观和农文旅融合基地，打造一条“产业强、景观美、主题鲜、活动亮”的主题产业观光带。一园，即产业融合示范园：按照一二三产业融合的发展思路，围绕主导产业，加强优新品种、高效栽培技术、种苗繁育、设施设备等方面的技术集成与创新，加强猕猴桃产品开发、文化开发，最终在科技、生产示范、观光科普、创意体验等方面，形成特色产业融合发展的示范园，引领带动产业园全面发展。农产品加工物流与品牌展销区：以“高效、智能、品牌”为原则，以猕猴桃、茶叶精深加工、仓储物流以及商业配套、品牌展销为重点，建设产业孵化、加工园、服务中心、展销中心，引进猕猴桃、茶叶精深加工技术，培育龙头企业，加强多样化产品研发，同时引入现代化的水果拍卖交易方式，打造布局合理、结构优化、功能齐备、制度完善、有较高现代化水平的农产品加工物流与品牌展销区。喀斯特现代生态农业生产区：依托现状产业基础，按照标准化、信息化、规模化、机械化等建设标准，新建和改造传统猕猴桃、茶叶生产基地，进行标准化生产示范，建设优势特色产业引领区，有效带动周边区域产业提质升级。生态涵养区：严守生态红线，保护生态环境，限制开发，进行生

态修复工程建设，加强水土保持、水源涵养，防范自然地质灾害，构建良好生产、休闲旅游环境及屏障。

2. 山东省潍坊市寒亭区现代农业产业园

潍坊市寒亭区现代农业产业园以潍县萝卜和寒亭西瓜两个国家地理标志产品为依托，大力推行“合作社＋农户”“企业＋基地＋农户”“协议收购保民收益”等联农带农模式。已有60%的农户加入合作社，2018年产业园内农民人均可支配收入达2.8万元。

寒亭区围绕潍县萝卜、寒亭西瓜两大主导产业，积极打造集保鲜贮藏、精深加工、贸易流通于一体的全产业链发展格局，打造现代农业科技孵化基地，推行土地适度规模经营，开发农业休闲观光体验功能，推进农民增收致富。总占地面积90.7平方千米，萝卜和西瓜种植面积分别达到了3 500公顷和2 500公顷，年产值近30亿元。

寒亭区现代农业产业园先后与美国加州大学戴维斯分校、荷兰瓦特宁根大学、以色列特拉维夫大学合作，建立了中美食品与农业创新中心、国际分子育种中心等科研平台，与中国农业大学、山东农业大学、潍坊学院、潍坊市农业科学院等建立了战略合作关系，推动国际国内农业科技创新要素集聚。为推进农民增收致富，积极推行土地适度规模经营，开发农业休闲观光体验功能，开展萝卜（西瓜）

图5-10 潍坊市寒亭区现代农业产业园

采摘、观光体验、农家乐等多种休闲活动。2016年带动就业2.4万人，园内农民人均可支配收入达2.19万元，分别高于潍坊市、寒亭区平均水平36%和35.7%。

3. 云南省普洱市思茅区现代农业产业园

普洱市思茅区现代农业产业园，以发展有机茶为突破口，打造"普洱思茅有机茶"公共品牌，支持龙头企业积极推行"公司+村委会+合作社+农户""农民入股+保底分红"等利益联结机制，充分调动了农民参与产业园建设的积极性和主动性。2018年实现654户建档立卡贫困户利益联结全覆盖，园内农民人均可支配收入达到14 750元，超过当地平均水平30%。

思茅区国家现代农业产业园是云南省第一家、国家第二批创建单位。省、市、区三级政府高度重视茶叶产业，制定出一系列促进茶叶产业发展的政策措施，紧紧围绕"绿色、有机、现代、品牌"等要素，打造"生产+加工+科技"茶业产业园区。重点完成智慧茶山物联网及溯源平台建设，茶叶初制清洁化标准化改造，构建"普洱思茅有机茶产业联盟"，实现普洱思茅有机茶品牌统一、标识统一、标准统一。以茶文化休闲旅游环线为纽带，以绿色有机茶园为基础，有效带动全园发展"一心、两片、一环、一基地"的空间布局。思茅区国家现代农业产业园按有机化、科技化、景观化的要求，建成绿色茶园8 000公顷，其中有机茶园2 000公顷，75%的茶园达到国家标准园水平。园区建成48家现代化加工厂，精制率达到

图5-11　普洱市思茅区现代农业产业园

76%。实施“百里普洱茶道”项目，建成89千米茶园生产道路，园区“主动脉”“毛细血管”得以疏通。完成智慧茶山物联网及溯源平台建设，逐步实现园区茶产品生产过程可控制、质量可追溯的目标。建立起农民分享二、三产业增值的利益联结机制，园区内农民人均可支配收入高于当地平均水平（11 330元）的30%，产业园建设初显成效。发展省级农业产业化龙头企业4家，建成合作社170个，培育种植大户、家庭农场237户，引进培育468家新兴经营主体入园，吸纳就业10 250人，并引导新兴经营主体与农民建立紧密、稳定的合作关系，带动农民共享发展。

4. 广西壮族自治区来宾市现代农业产业园

来宾市现代农业产业园以蔗糖为主导产业，坚持带农、惠农、富农、兴农导向，探索出了“公司 + 合作社 + 农户 + 保底价 + 市场二次连动价”的“二次分红”模式，“龙头企业 + 合作社 + 农户”的“土地流转优先返聘”模式，“公司 + 合作社（家庭农场）+ 农户 + 金融”的“保底收购”等多种利益联结模式，拓宽了农民的增收渠道，让农民更多分享产业增值收益。

来宾市国家现代农业产业园是广西首个市级国家现代农业产业园，产业园以甘蔗、晚熟柑橘为主导产业，依托蔗梢等丰富青储饲料资源，发展生态畜牧业，形成蔗、果、畜等三大产业。产业园甘蔗种植面积1.3万公顷，已建成“双高”糖料蔗基地6 500公顷，建成中晚熟、高品质柑橘标准化种植基地2 300公顷。产业园所在的兴宾区“双高”糖料蔗基地建设规模水平全国第一，糖料蔗品质（产糖率）和产量全国第一，糖业循环经济及全产业链综合利用水平全国第一，是国家优选划定的确保国家糖业安全战略的糖料蔗生产基地。

来宾市现代农业产业园呈“一轴、两园、三区”总体布局。“一轴”：产业融合发展轴；“两园”：现代农业科技园、现代农业“双创”园；“三区”：加工物流集聚区、糖料蔗“双高”基地示范区、晚熟柑橘生产示范区。

产业园内通过内培外引形成了三大主导产业集群。一是糖业板块，发展糖料蔗规模化种植；二是果蔬板块；三是畜牧板块。围绕三大主导产业群，产业园聚力建设规模化种养基地，以产业化龙头企业带动，聚集现代生产要素，促进农业生产、加工、物流、研发、示范、服务等相互融合和全产业链开发，逐步形成“以糖为主，以特为辅，糖畜循环、产业融合”的发展格局。

第六章

国家农业科技园区

农业科技园区是指在特定的区域内，推动农科教、产学研紧密结合，农业生产要素优化配置，加速农业科技成果的转化和产业化，不断提高农业生产力，逐步实现农业现代化的一种新型发展模式。农业科技园区须满足现代农业发展的内在需要，体现未来农业的发展方向；农业科技园区依赖一定的农业科学技术；农业科技园区是一种新型的现代农业组织方式和运营模式，是我国由传统农业向现代农业转变的新型组织形式；农业科技园区的实质是现代农业的探索园区，是农业生产方式转变过程中的带动力量。我国农业科技园区发展经历了试点建设（2001年至2005年）、全面推进（2006年至2011年）、创新发展（2012年至今）三个阶段。

近年来，国家十分重视国家农业科技园区的发展，各项政策也相继出台。2018年2月，科技部、农业部、水利部、国家林业局等六部门共同制定了《国家农业科技园区发展规划》，旨在进一步加快国家农业科技园区创新发展。到2020年，构建以国家农业科技园区为引领，以省级农业科技园区为基础的层次分明、功能互补、特色鲜明、创新发展的农业科技园区体系。园区布局将更加优化、园区成果转移转化能力不断增强、园区高新技术产业集聚度有较大提升、园区大众创业万众创新成效显著、园区精准脱贫带动能力大幅提升。到2025年，把园区建设成为农业科技成果培育与转移转化的创新高地，农业高新技术产业及其服务业集聚的核心载体，农村大众创业、万众创新的重要阵地，产城镇村融合发展与农村综合改革的示范典型。截至2018年，我国已公布了8批国家农业科技园区名单，园区累计达到200多个。

一、国家农业科技园区典型模式

1. 生产要素型园区

生产要素型园区主要指设施农业型园区。设施农业型园区作为我国现代农业科技园区最基本的发展模式之一，有利于我国现代农业科技园区的不断改革创新，该类型适合于初步建设园区，各方条件尚未成熟时的发展方向，集合大量农民运用现代化农业设施，用于园区农产品的高效生产。如山东寿光国家农业科技园区作为第一批国家农业科技园区之一，其发展模式就是以设施农业为主，着力于园区大棚改造与建设、农作物栽培耕作技术设备等基础设施建设，将现代化设施农业放在第一位，带动寿光区域农业和农村经济发展。

2. 龙头企业型园区

龙头企业型园区的建设主体正由政府主办逐渐变为由个别龙头企业承担主要经营职责。一方面，龙头企业拥有科技成果孵化和辐射示范的优势，且在产供销产业链一体化与特色品牌精加工上也有发展优先权；另一方面，龙头企业也可借助政府的优惠政策，发展园区经济建设，实现企业、园区、农民的“三方盈利”。如四川乐山国家农业科技园区遵循“政府指导、企业运作、中介参与、农民受益”的宗旨，实行“政府引导、业主开发、市场化运作、产业化经营”的运行机制，创新技术扩散机制和投融资机制，形成互动的利益联结机制，建立了风险保障体系，成效显著。

3. 技术创新型园区

技术创新型园区是现代农业科技园区发展模式中的核心模式，是政府推动园区发展的重要园区。这类园区适合在基础设施较为完善、政府投入较为稳定、产学研组织形成固定系统的园区内发展。如广东国家农业科技园区集生产示范、观光旅游、科普教育、商业贸易、技术推广、科技创新“六位一体”。通过现代农业高新技术的培训学习，对园区名优特品牌和基础设施集中建设，形成“农业科技创新基地 + 示范基地 + 中试基地 + 生产基地”为模式的农业科技创新系统。

二、国家农业科技园区典型代表

1. 福建省漳州农业科技园区

漳州国家农业科技园区是经国家科技部批准建立的国家级农业科技园区之一，具有鲜明地区特色，突出闽台农业科技合作，也是福建省唯一的国家农业科技园区。园区地处福建东南沿海，与台湾隔海相望的漳州市漳浦县境内，距漳州市区26千米，也是全国外向型农业示范区和国家“两部一办”（外经贸部、农业部、国台办）批准的海峡两岸（福建漳州）农业合作实验区所在地。

园区以花、果、茶及农产品加工产业为主，突出对台特色。重点建设“3321”科技示范工程，即建成3个区（核心区、示范区、辐射区）、3个产业科技园（花卉科技园、果树科技园、茶叶科技园）、2个科技中心（研发中心、科技培训中心）、1个加工基地（农产品保鲜加工基地）。核心区规划面积1 000公顷，示范区3 300公顷，辐射区2.1万公顷。花卉科技园开发面积500公顷，果树科技园开发面积470公顷，茶叶科技园开发面积150公顷。示范区在核心区周边，是园区科技成果

图6–1　漳州农业科技园区

示范和产业化开发的园地，重点建设若干示范项目和示范点、示范企业，形成以点带面格局。

2. 湖北省武汉国家农业科技园区

武汉国家农业科技园区包括核心区、示范区、辐射区。核心区规划面积26平方千米，同时，在武汉及其周边13个区（县）建立示范基地及辐射区。

武汉国家农业科技园区是东湖高新区“园中园”，由东湖高新区“统一领导、统一规划、统一政策”，由武汉高科农业集团负责园区的管理和招商引资职能，实行政府引导、企业管理、业主开发、市场运作的运营模式，重点发展8个主导产业：动植物良种、生物肥料、生物农药、畜禽水产、生物饲料、生物药品、农产品加工、农科贸市场，并最终建成特色鲜明、体制创新、主业突出、辐射面广、内有活力、外有形象、国内一流、世界知名的农业高新技术产业园区。

武汉国家农业科技园区以三个创新（体制创新、科技创新和环境创新）为动力，搭建五个平台（成果研发平台、企业孵化平台、示范推广平台、信息交流平台、投融资平台），提升“三个能力”（即自主创新能力、企业孵化能力、成果推广能力），强化协调服务职能，加快了园区建设进程，有力地推动了农业科技成果研发转化、农业高新企业孵化、科技示范与推广，促进了农业结构调整、农业增效和农民增收。2010年，核心区技工贸总收入108亿元，有机食品、蜂制品、生物农药及种子等产品出口创汇近6 000万美元。种业、生物肥料、生物农药及生物兽药等主导产业在全省的龙头地位初步确立。

图6–2　武汉国家农业科技园区

3. 云南省红河国家农业科技园区

红河国家农业科技园区确立了“发挥区域优势，突出地方特色，立足产业发展园区，依托园区提升产业；走出围墙办园区，让群众看得到、学得会、用得起、能增收”的园区发展思路，采取“一区多园、重点抓园、以园带区”的布局方式，选择特色水果、反季蔬菜、优势种子种苗生产、优质稻、以畜禽良种繁育与养殖为主的特色农业和以生物制药及生物化工、葡萄酒和乳制品加工为主的特色加工业为主导产业。以企业为主体，扶持建设专业示范园（场、厂）48个，整合相关项目共集中投入9.06亿元；与省内外科研机构、高校广泛开展科技合作，健全完善园区独立研发机构13家，扶持企业建立内部研发机构25家，引进各专业较高层次人才379人，培养乡土人才13 277人；引导示范区农民不断提高组织化程度，适应产业化生产要求，共培育和引入各类产销协会、合作社、研究会等新型合作组织55个；园区和企业研发机构转化自主研发和引进的科技成果922项，解决了石榴枯萎病、枇杷潜蛾、葡萄提质关键技术、香蕉组培苗污染控制、优质稻新品种选育和提纯复壮、高寒多雨山区杂交玉米新品种选育等一大批制约园区主导产业发展的关键技术难题。

图6-3　红河国家农业科技园区

4. 安徽省芜湖国家农业科技园区

芜湖国家农业科技园区以政府引导、企业运作、村企共建、政贷创新、产业推动的运作模式，着力打造现代农业孵化基地、国家级旅游度假休闲基地、青少年科普教育基地和新型农民培训基地、安全农副产品国际交易物流中心，积极推进农业科技创新体系和农村科技服务体系建设，加强农业科技研发，大力推广农业科技成果，加速科技成果转化，形成了优质水稻、特色水产、高效园艺三大主导产业。初步建成了国家级农产品加工示范基地、现代农业休闲观光示范园，建成省级工程技术研究中心和省级农业科技专家大院，形成以“龙头企业＋基地＋农户”产供销一体化的经营模式，实现一、二、三产联动和经济社会环境持续协调发展。园区的揭牌翻开了芜湖加快农业科技发展模式新的篇章，为提高自主创新能力、加快现代农业发展创造了良好的机遇和条件，实现农业产业升级，在更大区域层面上发挥示范带动作用，逐步形成皖江区域性农业科技辐射源和示范样板，对促进芜湖市乃至安徽现代农业的快速发展具有深远意义。

图6–4　芜湖国家农业科技园区

5. 海南省三亚市崖州区国家农业科技园区

产业园作为服务国家“南繁硅谷”建设重要抓手，着力打造“南繁硅谷”核心区。发展定位包括国家“南繁硅谷”建设核心区、国家南繁科研育制种基地重点区、国家种业合作开发的先行区、国家现代农业产城融合示范区。按照“一城三区”的空间布局进行建设。“一城”是指南繁科技城，以南繁科研服务业为核心，打造集聚科研单位、企业总部（或分支机构）、南繁公共服务平台等。“三区”是指生物育种专区、南繁科研育种区和南繁制种区。

到2021年底，产业园将建成以南繁科研育种为主导产业、一二三产业关联度紧密、现代要素高度聚集、生产方式绿色高效、经济社会效益显著、辐射带动有力的国家级现代农业产业园，主要创建指标达到预期目标值，具有热带特色的服务全国的国家现代农业产业园基本建成。

图6-5　三亚国家农业科技园区

6. 河北省唐山国家农业科技园区

园区以核心区科技软实力和信息服务能力为依托，以示范区特色农业基地为模板，辐射发展健康畜禽养殖、特色蔬菜种植、优质粮食作物种植、现代生物种苗和农产品加工与物流业等五大主导产业。核心区是园区开发建设重点，占地面积为330公顷，包括“五园十心”，“五园”即农产品加工物流园、畜禽产业科技园、蔬菜产业科技园及粮食产业科技园、科技综合服务园，“十心”包括农副产品加工中心、农副产品物流中心等。

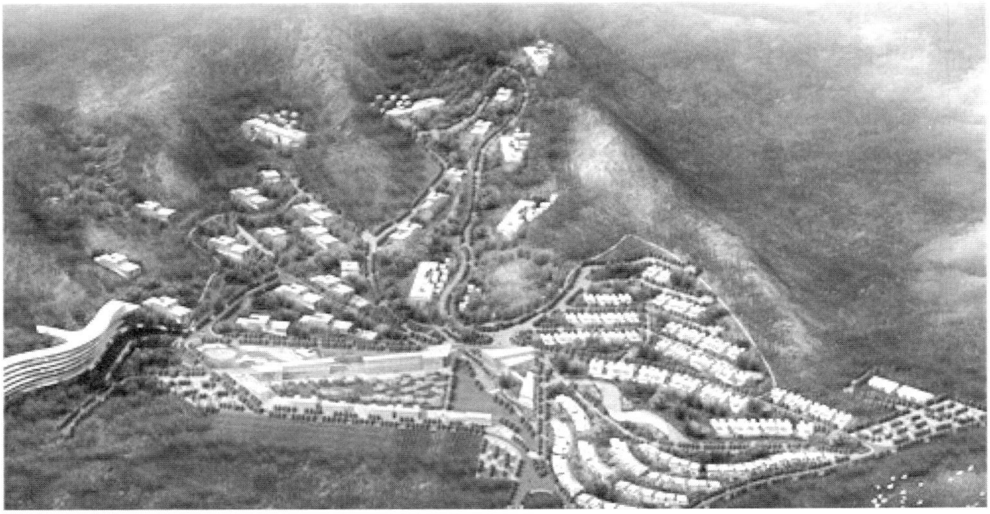

图6-6　唐山国家农业科技园区

7. 黑龙江省黑河国家农业科技园区

园区横跨三县一区即逊克县、孙吴县、嫩江县和爱辉区，重点建设“五园一点”，包括中俄农业科技合作园、中俄林特科技产业园、高纬寒地粮油产业园、中俄食品加工贸易园、健康生物产业园和新农村建设先行示范点。

围绕总体规划和实施方案，以打造“一园四区一点”为核心，突出四大优势（高纬寒地、黑土有机、生态优良、中俄合作），实施三大工程（提质增效规模化、生产管理标准化、品牌培育名牌化），着力发挥高产高效作物和先进农业科技试

图6-7　黑河国家农业科技园区

验、示范、培训、推广四大功能，培育五大产业（粮油作物、对俄果蔬、籽种繁育、冷水鱼养殖、现代农业服务业），引领全县四大农业示范园区发展（中俄合作粮油作物种植区、中俄合作特种果蔬种植区、中韩合作马铃薯种薯种植区和黑龙江冷水鱼养殖区），构建中俄农业科技合作园和新农村建设先行示范点。

8. 四川省宜宾国家农业科技园区

园区总体定位为西部一流，以茶为特色、带动其他产业发展的国家农业科技园区，全力推进园区“三产”融合和绿色发展，推进政（园）产学研、贸工农结合，重点抓特色产业，带动康养、休闲观光。

核心区规划面积28平方千米，总体结构呈“一轴、三区、四园”的布局形态，具体包括金秋大道景观轴，科研总部、交易展示、精深加工3个核心区域，茶叶科技文化实验园、金秋湖公园、林竹复合经济实验园、特色果蔬定制农业园4个特色产业园。一轴：金秋大道景观轴，串联科研总部区、交易展示区和精深加工区。三区：科研总部区规划面积约240公顷，包括总部服务区、国际企业总部、科技企业孵化器、湖心岛国际专家公寓等重点项目。交易展示区规划面积85公顷，包括中国西部茶交易中心、电子商务中心、金秋湖景区服务区重点项目。精深加工区规划面积600公顷，包括绿色食品深加工区、绿色食品精加工区、国际农业生产加工园区项目。四园：茶叶科技文化实验园规划面积约1 000公顷，以规模化、标准化、生态化、文化化“四化合一”的形式，展现科技、农业与文化三者的完美融合。金秋湖公园规划面积约220公顷，北湖以风情主题公园为主，南湖以自然农

图6-8　宜宾国家农业科技园区

业公园为主，着力打造具有“恬静，清静，养静，雅静，娴静，幽静，僻静，怡静”等多重感受的金秋湖之旅。林竹复合经济实验园规划面积约190公顷，围绕生态屏障功能，实现“林业＋农业＋休闲”的复合经济发展。特色果蔬定制农业园规划面积约410公顷，兼具私人订制、有机种植、欢乐体验和安全配送四大功能，开发定制农业产业，倡导有机健康生活。

9. 江苏省淮安国家农业科技园区

淮安国家农业科技园区是2013年国家科技部批准创建的全国第五批46个国家农业科技园区之一。

园区发展定位为现代农业科技示范区、“四化”同步先行区、农村改革创新试验区和城乡统筹样板区。按照核心区、示范区、辐射区层次进行布局。核心区总面积430.67平方千米，总人口27.7万。核心区重点打造四大板块、八大功能区。四大板块即农高新城板块、花漾年华板块、大运河国家文化公园板块、农业科技创新板块。八大功能区即农高新城综合配套区、农产品精深加工和生物农业区、花漾年华主题农业公园和花漾年华田园综合体、大运河国家文化公园清口枢纽段、精致农业园、农产品物流区、科技创新集聚区、时光淮安城市展示区。以“三特”农业为引领，即特优高效种植、特种绿色水产、特色休闲农业。“一产”重点发展园艺产业和特色水产，“二产”重点发展农产品精深加工和生物技术，“三产”重点发展农产品物流、贸易、农业旅游和科技服务业。

园区以供给侧结构性改革为主线，实施创新驱动发展战略和乡村振兴战略，以农业高新技术产业示范区为目标，推动城乡和一二三产融合发展，呈现乡村振兴的淮安国家农业科技园区样板。

10. 甘肃省天水国家农业科技园区

天水国家农业科技园区始建于2002年7月，占地面积300公顷，入园企业20家，已建成优化节能日光温室196座，智能化全自动温室6座，日产60吨食用菌工厂化生产线1处，大型果蔬气调库4座，工厂化养殖场3个，乳制品加工厂1个，花牛苹果种苗繁育示范园280公顷，生态观光园、农产品加工配送中心、蔬菜种苗繁育中心、大型沼气发电厂各1处。

天水国家农业科技园区把机制创新、技术创新、辐射带动作为园区发展的关键和灵魂，形成了以市场为导向、企业为主体、产学研相结合的创新体系和“小机构、大服务”的运行模式，具备了技术创新、科技示范、产业孵化、培训交流、辐射带动、旅游观光等六大功能，已发展成为现代化、生态型、综合性的现代农业科技园区。

图6-9 天水国家农业科技园区

11. 江西省南昌农业科技园区

南昌农业科技园区面积约18平方千米，核心区面积为600公顷。园区围绕畜牧业高科技育种、乳制品及安全肉食品生产，畜牧养殖区生态良好循环，发展配套加工，对高效畜产品生产的一系列技术进行规范，打造在江西乃至全国都有重要影响力的现代畜产品养殖示范基地。

畜产品信息中心及电子商务交易区占地面积33.3公顷，以招商、高新科技成果、产业开发等为主要任务。现代养殖生态区占地面积80公顷，利用猪牛场处理过的废水，适当开辟鱼塘或种植水生经济作物以饲养部分水禽、鹅、鸭等，形成良性生态循环“养殖—沼气—沼渣、沼液有机肥—种植—加工”系统。安全畜产品配套加工区占地面积为100公顷，依托集体现有的乳品厂、饲养加工厂、新建微生物饲养添加剂厂，建设系统特异性免疫乳、功能性乳制品、生物制剂的生产基地。设施农业种植区占地面积100公顷，重点进行特种蔬菜生产、苗木组培、无

图6-10　南昌农业科技园区

性快繁、果树生产、造林、绿化苗木等种苗的繁育，通过组培车间、自动化育苗车间以及配套的炼苗温室等设施的建设，实现对国内外作物的组培快繁、无毒种苗生产和转基因植物育种等生产，逐步形成独具特色的高效设施农业生产示范基地。

12. 山东省寿光农业科技园区

寿光蔬菜高科技示范园建于1999年8月，是一处集科技开发、科普教育、技术培训、试验示范、种苗繁育等于一体的多功能蔬菜科技示范基地。2001年，寿光蔬菜高科技示范园建设了寿光国际会展中心，成为第二届蔬菜博览会的主会场。

图6-11　寿光农业科技园区

蔬菜博览会展览展示先进农业技术和品种，提供丰富多样的经济交流平台，吸引了国内外大量宾客参会参展。

寿光蔬菜高科技示范园是国家级农业科技园区，园内各色景点星罗棋布，南方的水果、北国的蔬菜应有尽有。造型别致的欧式建筑、引领时尚的现代温室、科技领先的克隆工艺、智能控制的工厂化育苗、模式各异的品种展示及一年一度的国际蔬菜博览会，都是现代农业观光旅游考察的重要内容。

13. 山东省滨州国家农业科技园区

2009年12月，国务院正式批复《黄河三角洲高效生态经济区发展规划》，以此为起点，黄河三角洲地区的发展上升为国家战略，成为国家区域协调发展战略的重要组成部分。为探索黄河三角洲高效生态现代农业发展模式，引领盐碱半盐碱地区现代农业发展，2010年12月，科技部批复设立山东滨州国家农业科技园区，并纳入科技部全国“一城两区百园”战略布局之中。滨州国家农业科技园区确立了“一核三网五大基地七大功能区”的建设布局。核心区占地520公顷。

园区遵循高效生态、科技创新、示范带动、信息高地和效益优先五大原则，坚持高产、优质、高效、生态、安全的现代农业发展方向，以盐碱半盐碱地土壤改良和良种培育的科技研发为主线，引进和研发耐盐碱新品种、新技术、新设备，运用现代管理理念，力争建设成为集农业技术创新、现代农业设施展示、农业科

图6-12 滨州国家农业科技园区

技示范推广、农产品现代物流配送于一体的、国内外知名的国家农业科技园区，引领黄河三角洲盐碱半盐碱地区现代农业发展。

14. 山东省东营国家农业科技园区

东营国家农业科技园区作为第四批8个国家农业科技园区之一，是环渤海经济带和黄河三角洲高效生态经济区的腹地，是黄河三角洲国家现代农业科技示范区的核心区之一。按照“一城四园”即生态科技城、循环农业示范园、现代种业产业园、高校林业产业园、农产品加工物流园的布局，生态科技城、智慧农场、食用菌科技园、高效智能现代温室、万亩优质苗木基地等一大批重大项目相继开工，推动传统农业向生态、智慧、安全、高值化方向转变。

东营农业高新技术产业示范区有发展高效生态农业的优越条件：区位交通条件优越，土地规模优势突出，具有良好的生态环境。

图6–13　东营国家农业科技园区

15. 山东省济宁国家农业科技园区

济宁（任城）国家农业科技园区规划总面积6 800公顷，核心区860公顷。园区规划围绕全区苗木主导产业，依托现有资源优势和基础条件，在整体不作较大调整的情况下，通过形象再造、内涵提升、科技体现，将园区规划建设成为具有任城科技特色、产学研紧密结合的农业科技创新与成果转化孵化基地、促进农民增收的科技创业服务基地、培育现代农业企业的产业发展基地和发展现代农业的综合创新示范基地。

济宁国家农业科技园区主要由核心区、示范区、辐射区三部分组成。核心区以兖州、任城特色产业为主，重点打造生物技术产业园、农机产业园、苗木产业园三大特色产业园，以苗木产业为主导，以打造创新培训服务和信息物流交易两大平台为支撑，重点布局苗木交易、林下经济、创意园艺三大产业园区，集中培育苗木种苗繁育、苗木标准化生产、苗木精品展示、科技特派员创新创业四大示范基地，着力建设综合服务、创新创业、信息技术、苗木交易、创意园艺设计、林下经济研发六大功能中心。苗木交易产业园，建成中国北方较大的集信息互通、现场交易、运输物流、餐饮住宿等于一体的苗木花卉集散产业园。林下经济产业园，充分利用苗木林下空间，重点发展食用菌种植、养鸡、养鹅等种植养殖业。创意园艺产业园，重点依托两河河岸规划建设集园林规划设计、绿化工程承接、园艺产品展示等内容。苗木标准化生产基地，依托入驻优势企业和种植大户，规划专门区域，开展苗木标准化示范推广，实现苗木产前、产中、产后的统一生产、服务和管理，推动苗木生产规范化、标准化、集约化。苗木种苗繁育基地，依托中国农业大学、中国农业科学院、华中农业大学等共建种苗繁育研发机构，规划

图6-14 济宁国家农业科技园区

建设苗木种苗繁育试验基地，引进、改良、培育苗木品种，使苗木产业链向前端推移，增加苗木产品附加值。苗木精品展示基地，主要功能是引进、培育苗木精品，通过不同园艺设计手法及栽培新技术应用，形成具有较强观赏性、示范性的苗木展示园。科技特派员创新创业基地，重点是发挥科技特派员作用，建设科技成果转化应用、示范推广基地，采取多种形式鼓励支持科技特派员进入苗木生产产业链，开展多种形式的创新创业。

16. 山东省泰安国家农业科技园区

图6–15　泰安国家农业科技园区

泰安国家农业科技园区总规划面积54.5平方千米，规划建设综合管理服务及产业孵化区、农业科技研发与成果展示区、涉农高新技术企业集聚区、现代农业生产核心示范区。以国家农业科技园区为平台、以科技特派员制度为抓手、以投融资平台和新农村发展研究院为保障，形成了以苗木花卉为主导产业，带动泰山女儿茶、现代奶业、有机蔬菜生产与加工、农业休闲旅游与泰山特色旅游农产品开发产业共同发展的局面，实现“四化”的同步协调发展。依托“泰山大旅游”和科研院所的智力密集优势，扎实推进园区的建设，构建农业研发、生产和加工的完整产业链条，拉动区域农业经济的协同发展，增加农民收入，提升园区辐射带动作用，引导区域农业产业的转型与健康发展，将园区建设成为集农业科技创新、农业技术交流与推广、生态旅游于一体的国家农业科技园区，为实现泰安经济、社会、生态效益的同步发展和共赢做出贡献。

园区拥有1个国家重点实验室、2个国家工程技术研究中心、1个国家工程实验室，42个省部级科研机构。

以苗木花卉产业发展为重点，带动农业旅游、农业文化、泰山茶、奶业、有机蔬菜等特色产业发展，培育特色优势产业。集聚技术、资金、人才等要素资源，形成发展合力，支持企业等市场主体入园发展。

17. 山东省临沂国家农业科技园区

临沂国家农业科技园区按照统筹规划、突出特色、分步实施、辐射带动的原则，将河东区作为国家农业科技园区的核心区，规划为“两轴、三带、五片”。“五片”为汤头先导区、八湖片区、汤河片区、郑旺片区和都市农业体验区。

围绕“一心引领、五点支撑”的工作布局，坚持“科技立区、项目强区、产业富民”的发展理念，顺势而为、乘势而上，开工建设各类项目18个，完成投资24.38亿元，其中核心区开工项目7个，完成投资10.75亿元。棚下种植的食用菌、茶叶已初见成效；创新园林项目已投入运营，苗木组培繁育已初具规模；休闲度假农庄日接待游客3万多人次，为临沂市民提供了一个近郊休闲旅游的好去处；菌种生产中心已建成，菌种研发中心、中试基地、展示中心即将开工建设。一批科技含量高、投资规模大、发展前景好的项目，为农高区发展提供了强大支撑，也大大提高了农高区的知名度和影响力。

图6-16　临沂国家农业科技园区

18. 山东省德州国家农业科技园区

德州国家农业科技园区按照“一区三核、三园联动”的发展思路设计，分为核心区、示范区、辐射区三个层次。核心区包括金丝小枣、马铃薯和调味品3个产业核心区，围绕核心区发展，建设一个公共技术服务中心，建设生态畜牧养殖产业园、玉米精深加工产业园、现代农业物流产业园3个配套产业园，形成产业支撑、良性互动的功能格局。示范区覆盖乐陵市全域，在德州区域内建立3.5万公顷示范基地，形成覆盖德州全市的产业示范体系。

图6-17　德州国家农业科技园区

19. 山东省莱芜国家农业科技园区

莱芜国家农业科技园区入选第八批国家农业科技园区公示名单。

莱芜区已建设成为“中国生姜之乡”“中国花椒之乡”和“中国黄金蜜桃之乡”，生姜、大蒜、大葱、花椒、丹参等特色农产品在国内外具有很高的知名度和美誉度。莱芜生姜在国内生产、加工、出口等领域具有较大的话语权，每年销往国内外市场的生姜达70万吨。莱芜农高区作为莱芜姜蒜主产区，种质资源优良，生姜、大蒜种植面积常年分别稳定在2 600公顷、6 000公顷，年产生姜12万吨、大蒜11.25万吨，姜蒜储藏加工能力达55万吨，被列为山东十大农业产业集群。

图6-18　莱芜国家农业科技园区

园区已经形成了农产品精深加工、特色农业、农产外包、农业装备制造、中医药等优势产业。发展农产品储藏加工企业130多家，其中国家级农业龙头企业两家、省级农业龙头企业6家、市级龙头企业21家，有25家企业取得自营进出口权，通过了GAP认证，与欧美、日韩等100个国家和地区有贸易往来，已经成为全国知名的绿色农产品基地。

20. 广东省珠海国家农业科技园区

珠海国家农业科技园区规划面积约312平方千米，约占珠海市陆地面积的六分之一，是珠三角面积最大的农业科技园区。园区通过招商引资吸引各方资源共同参与园区建设，经过几年发展，现代农业成果丰硕。园区内拥有8家国家级和省级农业龙头企业、29家市级农业龙头企业，由龙头企业带动的国家级、省级农业示范基地14个。

园区以现代都市农业、生态旅游、健康产业为引擎，重点建设集农业技术研发、农业高效生产、农产品深加工、农产品展贸物流、电子商务产业、休闲健康养生及旅游观光为一体的“绿色、低碳、高效、健康”的国家级现代农业生态园区。创新驱动硕果累累，目前园区拥有国家级的“五区一基地一乡”——国家农业科技园区、国家水利风景区、国家食品安全示范区、中国河口渔业示范区（全国首个，也是目前唯一的国家级河口渔业示范区）、全国都市型现代农业示范区、国家农业产业化示范基地和中国海鲈之乡。此外，园区还成功申报国家田园综合体、博士后创新实践基地以及白蕉海鲈特色农产品优势区创建项目。

图6-19　珠海国家农业科技园区

第七章

农村创业创新园区（基地）

一、农村创业创新提出的背景

农村创业创新是我国大众创业、万众创新总体战略的重要一环和潜力所在，是深入推进农业供给侧结构性改革、蓄积农业农村经济发展新动能的必然选择，对于带动农民就近就业增收、培育新型职业农民、聚集农村资源要素等方面具有重要推动作用。

据最新统计，各类返乡下乡人员已达700万人，创办的经济实体平均可吸纳7～8人就业；其中返乡农民工比例为68%，涉农创业占比为60%；涵盖农村一二三产业。

在“双创”浪潮中，农村的创业创新者异军突起。农村“双创”队伍涌现出特征明显的三大群体，既包括农村户籍的农民工、中高等院校毕业生和退役士兵等返乡人员，又包括城镇户籍的科技人员、中高等院校毕业生、有意愿有能力的城镇居民等下乡人员，还包括农村能人和农村青年等本乡人员。据最新数据显示，农村“双创”人员平均年龄44.3岁，91.4%为男性，学历为高中、职高或者大专的比例为40.7%。农村“双创”人数越来越多，这是一支庞大的力量，是三大的人口红利和发展红利。

目前，在我国农村“双创”人员创办的项目中，农村产业融合类项目占比达八成以上，广泛涵盖特色种养业、农产品加工业、休闲农业和乡村旅游、信息服务、电子商务等农村一二三产业，并呈现交叉融合、竞相迸发的态势，农村“双创”领域越来越宽，增强了供给侧对需求变化的适应性和灵活性，促进了农产品加工业加快转型升级。

现代信息技术深刻改变着农村面貌，农村电商、众筹农业、直播农业等新形态在农村涌现。农村“双创”推动传统种养业向农产品加工流通、休闲旅游、电子商务等延伸。据农业农村部统计，目前82%的创新创业项目属于一二三产业融合领域。农民点点鼠标、划划手机，就能把优质土特农产品送到千家万户。

各地各部门积极落实中央支持农村“双创”政策大礼包，出台落实了一系列配套政策，包括土地、财税、信贷、人才等方面。既保障“双创”合理用地需求，也进一步扩大农产品增值税进项税额核定扣除试点范围；既推动建立多层次创业融资基金，也建立城市专业人才定期服务乡村机制。通过政策推动、乡情感动、项目带动，积聚起全社会投资农业农村的热情。受益于此，返乡创业领域越来越广，起点越来越高。

农村“双创”的火热离不开农村软硬件环境的改善。近年来，乡村建设提速扩面，基础条件不断改善。尤其是以全程冷链为代表的现代物流向农村延伸，新型通信技术快速向农村覆盖。全国家庭农场、农民合作社、农业企业等已超过300万家，“农村经纪人”“田专家”“土秀才”大量涌现，为“双创”提供了人才支撑。

依托现有各类园区建设农村创业创新园区（基地），支持农民工、中高等院校毕业生、退役士兵、科技人员、农村青年和农村能人等返乡下乡本乡人员创业创新，对于发展现代农业、增加农民收入、建设社会主义新农村具有十分重要的意义。为认真贯彻落实《国务院办公厅关于支持返乡下乡人员创业创新促进农村一二三产业融合发展的意见》（国办发〔2016〕84号）中关于“整合创建一批具有区域特色的返乡下乡人员创业创新园区（基地）”要求，进一步采取便利措施推动返乡下乡本乡人员创业创新，加快构建农村创业创新平台和服务体系，农业农村部决定建立全国农村创业创新园区（基地）目录，向返乡下乡本乡人员推介并向全社会公布。

农业农村部发布《关于建立全国农村创业创新园区（基地）目录的通知》。目录共有1 096个依法合规、功能完备、辐射带动能力较强、产业融合发展趋势明显的全国农村创业创新园区（基地）。各级农业部门要按照“政府搭建平台、平台聚集资源、资源服务创业”的总体思路和“创设一套政策、搭建一批平台、培育一批带头人、总结一批模式、构建一个服务体系”的“五个一”工作布局，积极推动农村创业创新园区（基地）建设，进一步强化产业引导，强化政策集成，强化典型示范，强化公共服务，强化宣传推介，努力营造浓厚的农村创业创新良好氛围，为农业供给侧结构性改革、加快培育农村发展新动能提供强有力的支撑。在1 096个全国农村创业创新园区（基地）中，山东共112家。

二、农村创业创新典型模式

（一）特色产业拉动型

该模式围绕特色产业，强化产业链创业创新，沿着产业链上中下游，面向产前、产中、产后环节的生产与服务需求，开展创业创新活动，形成大中小微企业并立、各类经营主体集聚、产业集群持续壮大的创业生态系统。主要特点有：一是产业特色突出地域优势。产业特色立足地区资源特色，通过将特色资源优势转化为特色产业优势，形成农村创业的核心竞争力。二是创业创新载体作用明显。创业者依托特色产业进行创业创新，开办各类特产企业和配套企业，为创业者提供更多的创业机会。三是农村创业创新反促特色产业发展。创业者创业成功后，扩大了特色产业规模，提升了特色产业档次，打造了特色产业品牌，促进了特色产业的发展。可以说农村创业创新与特色产业发展相辅相成，紧密相连。

1. 四川省成都市金堂县

作为全国闻名的劳务输出大县，金堂县积极探索农村双创“六个一”模式，推动全县从“打工第一县”蜕变为“全国返乡农民工创业”典范。近5年，全县返乡创业创新人员增加到近4万人，每年新增转移8 000人以上。2017年以来金堂县获得全国农村创业创新典型县，两个双创基地被评为全国农村创业创新园区（基地）。

近年来，金堂县依托山、丘、坝兼具的地形特点，通过引凤回巢和相关政策机制的扶持带动，根据双创不同主体、不同产业差异，有针对性地引导双创资本、技术、人才等要素“上山下乡、进村入沟、到街驻园”，形成了一座山（龚家山油橄榄产业＋休闲农业）、一道沟（长林葡萄沟＋大园区多业主）、一个村（羊肚菌种植村＋菌种生产龙头企业）、一走廊（现代农业走廊＋大园区多业主）、一园区（农产品精深加工园区＋“我出地你建厂改革成果共分享”）、一条街（返乡农民工创业街）的农村双创“六个一”模式。

图7-1　成都市金堂县

目前，全县各业态创业创新人员已达10万人，建农村双创产业基地1 453个，创办各类实体近8 000家，带动转移就业30余万人，先后被评为全国农村创业创新园区（基地）、全国农民工创业示范园、国家转移农村劳动力先进县、全国农村劳动力转移就业工作示范县、西部地区农民创业促进工程试点县。

2. 福建省安溪县

安溪县以铁观音茶产业为主导，建成安溪县国家现代农业产业园，涵盖7个茶叶生产乡镇，园区面积1 154.52平方千米，农村人口42.83万，茶园1.6万公顷。通过产业引领区、技术装备集成区、创业创新孵化区、创业创新示范核心区等建设，实现涉茶双创实体总产值超90亿元，茶叶种植和产品加工年产值56.18亿元。农村“双创”扩大了特色产业规模，探索出一条依托本地特色产业带动农户创业创新、实现增收致富的新路。

3. 吉林省长春市双阳区鹿乡镇

长春市双阳区鹿乡镇引导返乡下乡在乡人员从事梅花鹿养殖、加工、营销和休闲旅游，设立鹿产品创业一条街，为创业者提供创业平台，极大地激发了创业者创业活力。全镇从事鹿产品经销业户达到513户，其中返乡创业的农民工开办的经销处224户，鹿产品经纪人发展到2 100多人，年客流量超过100万人次，鹿产品交易总额达20亿元，有力地促进了梅花鹿产业发展。双阳区释放政策红利，创建服务平台，加大培训力度，不断提高创业人员的政治待遇。近年来，累计为创业创新人员投入财政担保资金1 300万元，发放创业担保贷款1.76亿元，累计给予返乡创业农民工税费减免总额2 000多万元，扶持创业者4 178人，并将有突出贡献的返乡创业者吸纳为党代表、人大代表和政协委员。累计农村创业创新经营主体5 390家，农村创业创新园区10家，其中有456家创业创新经营主体纳入科技企业孵化器管理体系。国信现代农业被评为国家级双创示范基地，5家示范园区进入全国农村创业创新园区目录。

（二）返乡下乡能人带动型

该模式主要是返乡农民工、中高校毕业生及科技人员等返乡下乡人员通过创办、领办企业和合作社等农村新型经营主体，引领带动周边农村“双创”。主要特点有：一是能人作用突出。这些创业者有头脑、懂技术、能经营、善管理，一个人创业，引领带动周边人员乃至整村或整乡共同发展。二是示范引领明显。能人创业成功后，带领周边人员创业，把其他创业者聚集在自己周边，开展合作与服务。

1. 皇城相府集团董事长陈晓拴

山西省阳城县皇城村党支部书记、皇城相府集团董事长陈晓拴，带领村民挖掘历史文化，修缮皇城相府，建成国家AAAA级景区；发展休闲观光农业和乡村旅游业，打造“旅游景点＋宾馆酒店＋文化演艺＋农家乐”发展模式，形成了游、购、娱、吃、住、行“一条龙”产业链条，每年接待中外游客200多万人次，旅游综合收入近3亿元，带动了全村经济发展。

2. 北京密农人家农业科技公司总经理孔博

北京密农人家农业科技公司总经理孔博，创建密农人家电商平台，经营生鲜农产品，带动68名新农人创业者共同创业，带动300余农户生产种植转型，2016年销售额突破2 600万元。他先后荣获全国农村创业创新优秀带头人、第九届全国农村青年致富带头人等称号，获第三十届北京青年五四奖章。

（三）龙头骨干企业带动型

该模式依托龙头骨干企业优势，带动当地农村“双创”为企业配套服务，引领当地经济发展。其主要特点有：一是龙头引领，产业特色鲜明。龙头企业从事的是当地优势或支柱型产业，规模较大，在当地经济发展中起主导作用，是名副其实的领头雁。二是带动创业，配套服务企业。龙头企业采取“公司＋农户”“公司＋家庭农场”“公司＋合作社＋基地”等形式，带动当地创业者创业，为龙头企业提供配套服务或支持主导产业发展。三是企业集群，建设创业创新孵化区。

1. 河南省新郑好想你枣业股份有限公司

河南新郑好想你枣业股份有限公司是一家集红枣种植加工、冷藏保鲜、科技研发、贸易出口、观光旅游为一体的综合型企业。公司以市场需求为导向，以技术创新为动力，以品牌经营为核心，以科学管理为手段，坚持产品系列化、高端化、健康营养化的战略方针，不断扩大产品的市场占有率和品牌知名度，目前已成为红枣行业规模最大、技术最先进、产品种类最多、销售网络覆盖最全、辐射带动最广、市场占有率最高的龙头企业，带动新郑市把红枣产业作为主导产业发展，成为全市经济发展的“航母”。

2. 广东省云浮市新兴县温氏集团

广东云浮市新兴县温氏集团主要从事肉猪、肉鸡养殖，采取“公司＋农户”“公司＋家庭农场”模式，带动当地农民创业致富。温氏主要负责业务流程上投资额大、技术含量高、风险高的环节，包括饲料生产、种苗供应、销售网络的建设等，农民主要负责养殖环节，双方紧密结合，实现了很好的双赢，形成了创业户和龙头企业互促共进的典型模式。

（四）双创园区（基地）集群型

该模式是以农业企业、园区（基地）为主的平台载体，为农村创业创新提供见习、实习、实训、咨询、孵化等多种服务的模式。园区能够有效地创造聚集力，通过共享资源、克服外部负效应，带动关联产业的发展，从而有效地推动产业集群的形成。作为企业的重要聚集基地，通过自身的规模、品牌、资源等价值为区域经济发展和企业资本扩张起到了巨大的推动作用。其主要特点有：一是资源聚集度高。双创园区有限借鉴工业园区的做法，实现园区内要素集中，产业集聚，企业集群，技术集成。二是基础设施条件较好。双创园区（基地）基本都实现了“五通一平”，建立众创空间及创业孵化基地等涉农孵化器，为创业者提供办公场所或生产设施，创业者入驻即可创业。三是政策服务到位。双创园区（基地）一般都集成了注册登记、政策咨询、创业培训、财务代理、融资担保、法律服务等业务，能够为创业者解决创业过程中遇到的各种困难和问题。

1. 福建省晋江市建设海峡创业园

福建晋江市建设海峡创业园，构建“三创园（创业、创新、创意）”、国际工业设计园、智能装备产业园、陈埭新区创新中心、金井高校科教园等五大科技创新载体，聚集创业创新要素，为农业农村各类人才创新创业提供空间。全市拥有众创空间和科技企业孵化器9家，场地面积达10万平方米以上，入驻创业项目和企业超200个。

图7–2　晋江市建设海峡创业园

2. 吉林省长春市双阳区长春国信农业园区

长春国信农业投资建设了70万平方米的众创空间及创业孵化基地等涉农孵化器，打造了有机农业种植标准化“双创”园区、农产品加工示范园区、农业企业孵化园等12个综合性园区，接纳“双创”人员创业创新，为“双创”人员服务，提供实习就业创业岗位4 000多个，带动2 000多人就业，形成了专业性和综合性孵化器共同发展的良好局面。

图7–3　长春市双阳区长春国信农业园区

3. 四川省成都市郫都区菁蓉·成都现代农业创业创新空间

成都市郫都区作为全国首批“双创”示范基地，坚持政府搭台、市场主体、科技引领、集成示范、全域推进，实施以菁蓉镇现代农业“双创”空间为“极核”、多个现代农业产业园区（基地）为支撑的“一核多园”发展战略，以孵化链、科技链、资金链、产业链、政策链等“五链融合”为抓手，构建“双创”发展要素生态圈，全力打造“中国领先、世界一流”的农村“双创”品牌，建设“创业乐土、创业摇篮”。打造农村“双创”生态圈，为助推乡村振兴战略实施做出了有益探索。2015年以来，郫都区累计建成“双创”空间120万平方米，聚集孵化器平台（苗圃、

图7–4　成都市郫都区菁蓉·成都现代农业创业创新空间

加速器）68个、初创项目近2 000个、创客2.15万人、高新技术企业76家。2018年5月受到国务院督察激励通报。

成都市郫都区将7个系列专项支持政策，集成落实到农村“双创”园区（基地）、众创空间、创业孵化器等，打造菁蓉·成都现代农业创业创新空间，孵化新创企业，为企业提供保姆式服务。2017年涉农“双创”项目政策扶持资金累计达到1.67亿元，其中农业“双创”园区道路、沟渠、高标准农田改造、“互联网＋物联网”和园区孵化办公条件等基础设施完善项目资金投入1.41亿元。

4. 江苏省金坛区薛埠镇上阮现代农业产业园

农业部公布全国首批农村创业创新园区（基地）名单，位于金坛区薛埠镇的上阮现代农业产业园一号农场入选。建设农村创业创新园区（基地）共享平台和信息窗口，旨在增强政策的引导性、精准性和协同性，整合集聚资源要素，为返乡下乡本乡人员创业创新提供可选择的场所和高效便捷的服务。

金坛（上阮）现代农业产业园总面积2 700公顷，核心区700公顷。园区以经济林果为主，已有近30家农业企业入驻，一批外乡和返乡创业者在此推广新品种、新技术、新模式，初步建成集高效、生态、休闲于一体的现代农业产业园区。

图7-5　金坛区薛埠镇上阮现代农业产业园

5. 山东省临沂市沂南县“双创”园区

沂南县因地制宜出台创业创新激励政策，撬动工商资本下乡，培育“双创”主体，搞好科技创新，打造创业创新舞台，激发了创业创新热情，创业领域覆盖了特色农产品生产、农产品精深加工、休闲采摘、观光体验和农村电商等行业。

目前，全县累计发放各类扶持性贷款79 678.5万元，吸纳工商资本10多亿元，完成培训1.5万人次，建成马泉、物候园、朱家林等一批农村创业创新园区（基地），带动5万余人就业。

6. 山东省青岛市黄岛区"双创"园区

黄岛区通过农业产业园、乡村旅游园、农民创业园"三园共建"，培育职业农民、乡村工匠和农村创客"三大主体"，推动乡村生产生活生态"三生共融"。2017年，全区累计投入财政支农资金9.3亿元，撬动社会资本40.8亿元。建立创业创新基地19个，培育各类经济实体3 000家，带动6.5万农民就业，农村"双创"对乡村发展的综合贡献率超过45%。

（五）产业融合创新驱动型

该模式主要是围绕产业融合形成的新产业、新业态和新模式，开展创业创新活动，加速区域之间、产业之间的资源和要素的流动与重组，推动农业农村发展。主要涉及领域：一是电商聚集融合。通过建设电子商务产业园区，提供电商服务，吸引生产加工企业入驻园区，实现了二、三产业融合发展。二是休闲旅游带动融合。三是行业横向融合。

1. 福建省安溪县弘桥智谷电子商务产业基地

安溪弘桥智谷电子商务产业基地通过免费电商培训，鼓励支持开展电商创业，以电商服务聚集生产企业和创业者，形成了"电子商务＋仓储服务＋商品集散"

图7－6　安溪县弘桥智谷电子商务产业基地

的运营模式，吸引了茶叶、铁艺、鞋服和休闲食品产业等众多规模企业和一大批创业者入驻园区创业。

2. 四川省成都市郫都区青杠树村

郫都区青杠树村遵循“小规模、组团式、生态化、微田园”理念，以川西民居特色为主基调，规划建设9个聚居组团、共9.7万平方米的农民新居，统筹推进乡村建设、产业培育、公共配套、环境优化、社会治理，建设幸福美丽乡村，成为成都及周边市民周末休闲度假的好去处。

图7–7　成都市郫都区青杠树村

3. 山东省青岛市平度市

平度市依托自身产业优势，打造“农创平度”模式，将农民创新创业与科技、品牌、旅游、电商等结合起来，加快推进农村一二三产业融合发展、传统农民向新型职业农民升级，走出一条富有特色的农民致富奔小康新路径。

一是以科技为引领促进农民创新创业。立足种业特色，建立院士工作站、专家工作团队、种业科技博览馆、花生电商产业园、便民综合服务中心等创业孵化平台，为各类农业创客提供技术指导、创业孵化、创业服务、宽带网络、公共软件等支持。充分发挥农业龙头企业作用，建设集科研育种、生产繁育、加工销售、科技培训、示范带动于一体的农民创新创业载体。组建种业产销合作联社，下设农机、植保、农资等专业合作社，将村级种子合作社、家庭农场、种粮大户等全部吸纳到合作联社，形成一个完整的产业服务链条，带动农民创新创业。

二是以品牌为依托促进农民创新创业。充分发挥拥有19个全国地理标志农产品、数量居全国县级市首位的优势，引导各乡镇发挥地标产品的高端、绿色、名牌效应，走精品农业发展之路。以全国首个叶类蔬菜地标产品、首座芹菜博物馆、中国地名商标“马家沟芹菜”为依托，围绕种苗、种植、储藏、加工、销售等环节，吸引专家工作站落户和众多大学生、返乡农民工创业。积极推动地标农产品进入与欧盟的互认名录，放大品牌效应，扩大优质农产品出口，带动农民创业就业。举办地标农产品交易会，为农产品生产、加工企业提供展会展销平台，将优质高产的农产品推向全国市场。

三是以旅游为平台促进农民创新创业。梳理整合分散的旅游资源，鼓励农民围绕“食在平度”（美食 + 食材、美食 + 食养、美食 + 旅游）为特色，发展休闲农业、乡村旅游，在茶饮食文化、种植采摘体验、特色中药材种植和中药膳调理养生方面打造旅游特色产品。精心策划市、镇两级各具特色的美食大赛，评选出平度十大名产、名吃、名菜、名厨，在北京召开旅游特色小镇暨“食在平度”品牌推介会，带动旅游热潮。举办养生美食文化节，鼓励农民借助乡村旅游平台、围绕

图7-8　青岛市平度市

休闲农业和美食体验创新旅游产品。通过改良大田种植，引入盆景种植方式，培育甜度高、口感佳、观赏性强的盆景葡萄，占领相关领域市场。

四是以电商为载体促进农民创新创业。引导农民创新创业与电商结合，改变传统销售模式，促进优质农产品销售。抓好电商运营平台建设，培育农创工坊、金超越电商、华E电商、壹品汇等本土电商运营平台20多家。全市建成由大学生、农民参与的市级电商运营中心2个、镇级电商运营中心7个、村级电商服务站1 500余处，各类电商经营企业（含网店）1万余家。

4. 浙江省杭州市富阳区

富阳区依托农创客小镇建设，构建有场地、有资源、有平台、有导师、有伙伴的全要素服务能力的农业众创空间，吸引全国大学生农创客入驻，打造农业领域“创业苗圃＋孵化器＋加速器”的全程孵化链条，推进农业科技创新，改善农村人才结构，培养新型职业农民，促进互联网与农业融合发展。未来将通过政府扶持和要素集聚，将小镇打造成为一个集生态农业、智慧农业、创意农业于一体，以产业、科技、人才、互联网为支撑的农业科技创业孵化平台。

图7-9　杭州市富阳区